現代中国における
教育評価改革

素質教育への模索と課題

項　純
Xiang Chun

日本標準

はじめに

　12年前（2001年），私は初めて日本へ渡り，自分の研究を深めるために留学生活を始めた。当時，中国はWTOに加盟したばかりで，経済をはじめとする社会各領域の改革と発展が重大な転機を迎え，国際社会と接続するテンポが加速していた。このような改革の波に乗り，教育領域も大きな改革を起動し，児童生徒の素質を全面的に発達させるための教育課程や教育評価などが新しい試みを模索し始めていた。

　そして12年後，私は本書を書いて，日本に現代中国の教育評価改革の全体像を紹介しようとしている。この十数年間において，中国ではきわめて大きな変化が起き，一躍世界第二位の経済大国となった。それは中国が「科教興国」（科学・教育によって国を振興する）を国家戦略とすることと切り離せない。一方，経済の発展と社会の進歩は教育の変革も求め，どのような人材を育成するのか，いかに育成するのか，いかに評価するのかなどの課題が再び検討されるようになった。世界からすぐれた経験を急速に吸収しながら自ら革新の道を作り出そうとする中国の教育評価改革は，教育改革における重要な部分であり，それについての考察は非常に意味あることだと私は思った。

　そこで，この12年間，私は渡り鳥のように日中間を頻繁に往復し，前半は留学生，後半は教育学研究者として，日中の教育改革を研究課題とし，とりわけ教育評価の研究に焦点を当ててきた。評価論研究の進展や評価政策の変化を整理しながら，小・中学校の評価実践から豊かな資料を収集することによって，国際的な視野から現代中国の教育評価改革を検討し，その動向と課題を明確にすることをめざした。これらは本書の重要な基礎となった。

　中国と日本は一衣帯水の隣国で，文化と教育領域に類似するところが多く，共通課題も少なくない。教育評価分野において，試験を偏重することや学歴で能力を評価することなどの似た傾向が見られるように，試験はよくできるが，学習する意欲や知識を活用して実際の問題を解決する能力が低い，いわゆる受験型の児童生徒が多く生み出されてきた。しかし，このような「受験型の人材」はすでに科学技術が急速に進展する知識社会とグローバル化社会の需要に応じることはできない。このような背景において，教育評価改革は教育改革の核心

的な部分となり，国の人材育成の方向を導く機能を果たす役割を担っているのである。

　本書は中国の教育評価改革における政策の変化，理論研究の到達点および学校教育現場の実践例を取り上げ，改革の有益な経験と問題点をまとめた。このような教育評価改革における大胆な模索が共通課題を持つ日本に示唆を与えることができれば幸いである。さらに，本書が日本の教育関係者の共鳴を呼び起こし，日中の知恵による両国の教育政策の策定や実践の改善にいささかなりとも役立つものになればと願っている。

　本書の刊行に至るまでに多くの方々にお世話になった。恩師である田中耕治先生をはじめ，西岡加名恵先生，南部広孝先生には研究の姿勢と方法を懇切丁寧にご指導いただいた。そして先輩である石井英真氏や遠藤貴広氏，赤沢真世氏，窪田知子氏，後輩である木村裕氏や大下卓司氏など，たくさんの方々の力を借りて研究が深まり，理解しやすい内容にすることができた。この場を借りて，京都大学大学院教育学研究科の先生方と教育方法学研究室の皆様に改めて衷心より感謝を申し上げたい。また，本書は「平成24年度京都大学総長裁量経費（若手研究者出版助成事業）」の助成を受けて公刊が実現できた。出版をご快諾いただいた日本標準と編集部の郷田栄樹氏と山崎房子氏の献身的で丁寧な編集作業に対し，記して深く感謝の意を表したい。

　最後に，私の留学生活を温かく見守ってくださった中村文峰氏，藤川石芳氏ならびに友人たち，および私の研究を支えてくれる夫の馬昕昊と家族に感謝の言葉を贈りたい。

2013年3月

項　純

目　次

はじめに……………………………………………………………………………ⅲ

序　章　教育評価研究の視座

第1節　問題の所在……………………………………………………………2
第2節　基本概念と分析視角の設定…………………………………………6
第3節　本書の構成……………………………………………………………10

第1章　教育評価改革の背景

第1節　教育評価制度の形成と課題…………………………………………16
　　1　共通試験制度の確立　16
　　2　教育監督・指導制度の回復と発展　19
　　3　教育評価理論の導入と発展　21
第2節　素質教育をめざす教育改革の展開…………………………………23
　　1　「応試教育」の展開とその批判　23
　　2　素質教育の登場　28
　　3　初等・中等教育カリキュラム改革の展開　31
まとめ……………………………………………………………………………33

第2章　素質教育をめざす評価改革に関する政策

第1節　重要公文書による評価改革の展開…………………………………40
　　1　評価制度改革の重要性の向上　40
　　2　児童生徒の発達を促進する評価理念の形成　41
　　3　評価改革目標の明確化　42
　　4　評価体系の形成　43

第2節　素質教育における教育評価のあり方………………………44
　　　　1　素質教育における教育評価の内容と特徴　44
　　　　2　素質教育における教育評価体系の構造　48
　　第3節　「教学大綱」から「課程標準」への転換に見る評価改革…………51
　　　　1　「教学大綱」から「課程標準」への転換　51
　　　　2　「数学課程標準」に見る評価の変化　55
　　まとめ………………………………………………………………60

第3章　評価理論研究の到達点

　　第1節　素質教育をめざす教育評価に対する多様な解釈………………64
　　　　1　「発達的評価」の提起とその解読　64
　　　　2　教育評価論の国際的な動向　71
　　第2節　評価モデルの提案……………………………………………77
　　　　1　自己評価を中心とする「自己接受評価」　77
　　　　2　三螺旋型「発達的評価」体系の試み　79
　　第3節　評価目標の構成をめぐる議論………………………………81
　　　　1　評価目標の構成をめぐる三つの立場　81
　　　　2　交差型目標構成による評価目標の設定　84
　　第4節　評価方法に関する研究の展開………………………………86
　　　　1　質的な評価方法に関する研究　86
　　　　2　パフォーマンス評価法に関する研究の展開　89
　　　　3　特色ある評価研究の試み　91
　　まとめ………………………………………………………………96

第4章　教育評価の具体像

　　第1節　教育部の調査報告に見る実践の様相…………………………102
　　　　1　評価観，評価内容，評価方法における改革と変化　102
　　　　2　学校における評価改革に起こっている問題　105

第2節　光明小学校における評価改革の実践……………………………108
　　　　1　日常的な評価　109
　　　　2　期末試験による評価　113
　　第3節　入試制度の変化による「総合的素質評価」の展開……………118
　　　　1　「総合的素質評価」の実施　118
　　　　2　北京市における中学生に対する「総合的素質評価」の実践　121
　　　　3　入試制度との結合による展開と課題　125
　　まとめ………………………………………………………………………129

第5章　カリキュラム改革をめぐる論争から評価改革の再検討へ

　　第1節　カリキュラム改革をめぐる論争……………………………………136
　　　　1　改革をめぐる論争「王・鍾の論争」の始まり　136
　　　　2　「慎重派」と「改革派」陣営による論争の展開と特徴　142
　　　　3　論争の意義と課題　146
　　第2節　論争から評価改革の再検討…………………………………………148
　　　　1　評価改革における問題点の再検討　148
　　　　2　評価改革の課題——基準に準拠した教育評価へ　152
　　まとめ………………………………………………………………………160

終　章　本研究の課題と日中教育改革への展望

　　第1節　本研究の成果………………………………………………………168
　　第2節　本研究に残された課題……………………………………………176
　　第3節　日中における教育改革の比較からの示唆………………………178

参考文献………………………………………………………………………………185
索　引…………………………………………………………………………………191

序章

教育評価研究の視座

本研究は現代中国の教育評価改革を検討するものである。とりわけ，初等・中等教育において，「素質教育」をめざす教育評価改革がいかに行われてきたのか，その課題と動向を明らかにすることを目的とする。

第 1 節　問題の所在

教育評価の歴史をさぐると，中国の隋・唐の時代の科挙制度に遡ることができる。科挙制度は試験によって人材を選ぶ初めての公務員採用制度としてよく知られている。それは，アジアまたはヨーロッパの公務員制度に大きな影響を与えた[1]。しかし，1000年以上続いていた科挙は直接に現代の教育評価（エバリュエーション）とは連続していない。中国においては，試験と教育評価は同義にとらえられ，試験の成果がすべてを決めるという方向で教育評価というものは理解されてきた。

「点数は子どもの命，試験は先生の魔法」という中国人ならだれもが知ることわざには，児童生徒が試験結果を命と同じぐらい重視するということ，教師は試験を伝家の宝刀として使うことによって，児童生徒を管理するという意味が込められている。また，大学入学試験（以下「大学入試」と略す）では，全国統一試験が行われる日は「運命を決める日」と呼ばれ，「入試で生涯が決まる」という状況が生み出されてきた。こうした状況のもとで，大学入試で成功することは学校教育の究極の目標となり，学校評価の基準も大学進学率に求められた。大学入試は「指揮棒」と呼ばれるほど，初等・中等教育のカリキュラムを大きく規定するものとなったのである。

このように受験に偏重した教育において，たとえば，次のような問題点が指摘されている[2]。教育内容が多くて難しい，児童生徒の実生活から隔絶している，学習方法が暗記と反復練習ばかりになっている，カリキュラム構成に合理性がない，評価が選別と選抜の機能を過度に強調したものになっている，中央集権的なカリキュラム経営となっている，などである。とりわけ，児童生徒に大きな負担をかけ，多くの落ちこぼれた児童生徒，また試験ができても想像力や思考力の乏しい児童生徒を生み出してきた。こうした教育は「応試教育」という名で批判された。

そこで，1990年代中頃に児童生徒の素質を全面的に発達させることをめざした素質教育が提唱されるようになり，教育改革への機運が高まった。1999年，中国政府は「教育改革の深化と素質教育の全面的な推進に関する決定」を公布し，就学前教育から高等教育までの全段階において素質教育をめざす教育改革を始めた。こうして2001年，初等・中等教育において新たなカリキュラム改革が始まった。このカリキュラム改革は，準備段階，実験段階，普及段階という3段階で実施されている。まず，準備段階として，初等・中等教育の実態調査と初等・中等教育カリキュラムの国際比較研究が行われた。次に，実験段階として，義務教育各教科のカリキュラム・スタンダードと実験教材が38カ所の国家実験区で2001年から試用された。さらに，普及段階として，2004年から実験区の実施状況を踏まえて，全国への普及が図られた。このように，先に準備，後に実験，普及しながら展開した新たなカリキュラム改革は，カリキュラム観，カリキュラム目標，カリキュラム内容，カリキュラム管理など多岐にわたった。そのため，この改革は「変化が大きい，スピードが速い，困難が多いといった面において，これまでの改革を圧倒的に超える」[3]と言われ，中華人民共和国建国以来最も影響力のある教育改革となった。

　しかしながら，改革に伴う多くの問題点も同時に明らかになってきている。たとえば，その問題点として次の4点が指摘されている。第一に，理論と実践が矛盾するという問題である。具体的には，「海外から導入された理論が中国の現状に適用できない」[4]ということを指す。第二に，指導と学習形式の問題である。たとえば，「授業は表面的ににぎやかなだけで，主体的な学習は見せかけにすぎない」[5]，「授業内容を問わずに，主体的，探究的またはグループ学習などの形式ばかりが取り入れられる」[6]，「授業形式が多様になる一方で，形骸化に陥った」[7]，「教師による指導の役割について批判され，主体的な学習は自習になった」[8]といった問題が指摘されている。第三は，教材編成の問題である。具体的には「教材編成が多様になり，それぞれの質は問われない」[9]という問題が含まれる。第四は，評価の問題である。たとえば「評価体系は評価論に基づいて構築されていない。能力を評価する体系はほとんどできていない」[10]，「評価基準が不明確である」，「質的な評価と量的な評価が対立している」[11]といった問題が含まれる。

　この4点のうち，特に第四の評価の問題は，それを解決しないかぎり，カリ

キュラム改革が進まないという点で、今回の改革の「ネック」と言われる[12]。なぜなら、教育評価改革において問題が生じているだけにとどまらず、評価改革と教育改革が緊密に関連しているからである。この関係については、次の三つの立場に整理できる。

　第一の立場は、教育評価の万能説である。この立場は積極的に教育評価改革を進め、評価改革を通して、教育改革の目標がすべて実現できると考える。すなわち、評価改革をすべての教育改革の「梃子（てこ）」、または「指揮棒」と位置づけ、評価改革を全面的に進めることができれば、教育問題がすべて解決できると考える。このような主張は教育実践の現場に多い。『中国教育報』が全国30省の地方教育局長246名に対して行った調査結果では、「78.33％の教育局長は素質教育の推進において、最も大きな難題は『試験評価制度』であり、試験による評価制度の改革は教育改革の『最良の突破口』であると思っている」[13]と報告されている。このように、この立場では教育改革の実施は評価改革から始めるべきと考えられている。

　こうした立場は、一部の政策にも表れている。たとえば、初等・中等教育の改革において、2004年から入学試験制度に「総合的素質評価」が導入されるようになった。この改革は、学校教育は児童生徒の素質を総合的に発達させることをめざしている。

　他方、第二の立場は、教育評価を罪悪とする消極説である。このことは、次に示す学校教育現場の実践者からの言葉が代表している。「選抜型の入試制度が前提であるかぎり、各種の教育改革を実践したとしても、それは枷（かせ）をはめてダンスすることと同じだ」、「大学入試を無くすことこそが本当の素質教育になる」、「大学入試があるかぎり、本当に価値のあるカリキュラム改革と評価は実施できない」[14]。これらにおいて、入試制度は教育評価制度と等しいと考えられており、教育における諸悪の根源が入試制度を中心とする評価制度にあると考える。このように考えると、評価制度を無くしさえすれば、教師は児童生徒の発達のために本当によい教育ができ、児童生徒は個性のある豊かな成長ができるという無評価論に行きつく。

　これらの二つの立場は、教育評価改革が教育改革において重要な影響力を持つと考える点で一致している。第一の立場は教育評価を積極的にとらえ、評価

改革を通して，教育のさまざまな問題を解決しようとする。第二の立場は教育評価を消極的にとらえ，教育のさまざまな問題の原因は評価制度にあるため，評価制度を無くせば，問題は解決できると考える。しかし，どちらも教育評価制度と入試制度とを同一視し，入試制度の役割を過大視している。すなわち，悪い入試制度は「応試教育」に，よい入試制度は素質教育に必然的につながると考え，「応試教育」に至ったすべての罪を入試制度に帰している点で一致している。

以上の二つの立場に対し，第三の立場は，教育評価において教育の内的な価値を重視すべきであると主張する。すなわち，教育評価は教育の内的な価値を尊重することであり，その中心には，児童生徒に対する教師からの評価，児童生徒の自己評価，相互評価などの学校における評価が位置づくと考える[15]。このように，教育評価が教育の内部において行われ，児童生徒の成長を促すことを評価改革の根本的な目的とする。このとき，教育評価改革は「学校における評価と入試による評価を適度に分離し，相互に参照しながら進めていく」[16]と主張する。

第三の立場は，教育評価において選抜という一つの機能だけではなく，教育の促進や改善という機能にも着目している。評価活動によって，教育の内的な価値を実現することが重要な意味を持つため，評価改革は入試制度の改革と少し離して進めるべきであると主張する。この第三の立場は教育評価（エバリュエーション）の本来の意味を強調する立場である。教育評価によって，教育の改善，児童生徒の発達を促進することが第一であるという考えは，教育評価の基本的な機能を保障することにつながる。

しかしながら，第一と第二の立場に見られたように，入試制度を中心とする評価観の存在は大きい。教師，児童生徒，保護者はつねに受験の圧力を感じている。児童生徒の発達のためと主張しながら，選抜的な機能と切り離して，教育評価における発達的な機能を一方的に強調することは，現状と乖離するだろう。

したがって，本研究は第三の立場に立ちながら，教育評価の本来の役割である教育の改善と児童生徒の発達の促進を重視するとともに，入試制度との関連性にも注目し，両者を同じ方向で発展させる可能性はないかということを念頭において，現代中国の評価改革を検討する[17]。

第2節　基本概念と分析視角の設定

　『教育評価辞典』（北京師範大学出版社）によれば，教育評価は一定の教育的な価値観または教育目標に準拠し，実行可能な科学的な方法を使い，情報と資料を系統的に収集，分析，整理することによって，教育活動，教育課程とそれらの教育結果についての価値判断を行い，教育の改善と教育施策に根拠を提供することを図ると定義されている[18]。すなわち，広義には，教育評価の対象（価値判断の対象）は教育領域のすべてを含み，教師，学習者，教育管理者など教育への参加者に対する評価と教育方針，教育政策，教育課程，教材，授業，効果などの教育現象と活動に関する評価をも含むと理解できる。

　他方，狭義には，教育評価は「教育思想と計画の変化を検証する過程」，「証拠を系統的に収集し，学習者が実際にどのような変化をしたかを確認し，その変化の数量と程度を確定する」[19]ことを意味する。すなわち，教育の本質は教育対象の育成であり，教育評価の核心は教育活動の結果，どのような変化が対象に起こっているかを把握する過程と結果にある。

　なお，本研究を論ずるにあたって，教育評価の狭義の解釈を前提とし，評価の機能，規準，方法などの基本概念を整理しておきたい。

　教育評価は役割と機能によって，診断的評価（診断性評価），形成的評価（形成性評価）と総括的評価（総結性評価）に分類することができる。診断的評価は教育活動が始まる前，または教育活動において，児童生徒の学習準備の状況あるいは特別な困難およびその原因について診断し，それに応じて教育計画を立てるための評価である。形成的評価は過程的評価とも言われ，つねに教育活動の過程で行い，授業活動を調整，改善し，教育過程が正確かつ効率よく進むために児童生徒の学習結果を評価するものである。総括的評価は，ある教育段階，あるいはある教科が終了するときに教育目標がどの程度実現されているかについての評価である。事前に設定された教育目標を規準とし，児童生徒がどのぐらい達成したかを考査する。総括的評価は1学期または1学年に2, 3回の頻度で，学期と学年が終了するときに行われる。中間，期末考査・試験などは総括的評価である。

　また，評価はそれが準拠する規準によって，絶対評価（絶対評価），相対評価（相

対評価）と個人内評価（个体内差异评价）に分類することができる。絶対評価はすでに規定した教育目標に準拠し，児童生徒の目標への達成度を判断する評価であり，「目標準拠評価（目標参照評価）」とも言う。相対評価は児童生徒のある集団内での相対的位置を区分するための評価であり，評価の規準は評価集団平均値である。個人内評価は児童生徒自身の変化に準拠する評価である。

　さらに，教育評価は評価方法によって，量的な評価（量化评价）と質的な評価（质性评价）に分類することができる。量的な評価は数量化するものと評価指標を数量化する方法で，たとえば前者は客観テストがあり，後者は平均点，合格率で現れる評価結果の形式がある。質的な評価は通常の教育状況において，評価対象の状況に関する豊富な資料を収集，分析し，評語で評定する。たとえば，観察法，ポートフォリオ評価法（档案袋评价），パフォーマンス評価法（表現性評価）などがある。

　教育評価機能は教育評価が教育対象に変化や影響をもたらす効果と能力であり，導き，改善，教育，指揮，予測，認定，激励，診断などの機能を持つ[20]。涂国艶は教育評価の機能を①認定—選抜，②導き—激励，③診断—改善，④フィードバック—調整の4種類に分けた[21]。すなわち，①児童生徒の学業の水準，優劣または資格を認定し，選別と選抜を行う。たとえば，資格試験による評価はある資格の専門的な水準に準拠する目標準拠評価であり，認定の機能を持つが，大学入試のような選抜試験による評価は生徒の順位づけを目的で行う相対評価であり，選別と選抜の機能を持つ。②教育評価は，ある規準に準拠し価値判断を行う活動であるため，その規準が方向性を示し，児童生徒を学習の正しい方向へ導く。同時に，目標にどの程度まで達成できたか，どのくらい足りないかを示し，児童生徒を激励する。教育過程における形成的評価はこのような機能を持つ。③教育評価によって，児童生徒の学習状況，問題点を診断し，その原因を見つけることは評価の診断的機能である。診断したうえで，回復指導などによる学習と授業の改善が「治療」となり，より重要である。このような機能を持つのは，まさに診断的評価と形成的評価である。④評価の情報と結果を評価対象に返し，そのことによって変化をもたらす効用は評価のフィードバック機能である。教育評価のフィードバック機能は，単に評価結果を児童生徒に返すだけでなく，さらに，児童生徒がその結果をどのくらい認めるかなど

の意見を教師に返すという,フィードバックの循環が必要である。フィードバックの循環によって,教師と児童生徒が評価に関する相談と対話ができ,それぞれの授業活動と学習活動の調整が行われる。

　以上の教育評価に関する基本概念を明確にしたうえで,本研究は初等・中等教育における児童生徒に対する評価を中心に,現代中国の教育評価改革を検討する。

　冒頭で述べたように,中国は試験の歴史が古いにもかかわらず,現代的な教育評価とは直接的なつながりはなかった。本来の意味での教育評価研究およびその本格的な発展は中国では1980年代から始まり,1990年代の後期における素質教育の推進,2000年代以降の新たなカリキュラム改革の実施とともに盛んになった。教育評価改革はかつてないほど重視され,展開されている。「教育評価」を冠する著作は1980年代まではわずか16冊だったのに対し,1990年代は34冊,2000年以降には100冊にも及んでいる[22]。しかし,このような評価論研究の展開は「後発外啓型」の発展と称されている[23]。すなわち,自らの発展の始まりこそ遅れたものの,外部からの啓発や影響によって,国内において模索するプロセスを省略して,直接に高レベルの成果に学んで発展することを意味する。

　1930年代,教育評価はタイラー(Tyler, R. W.)によって提唱された。中国がタイラーの教育評価論を導入し始めたのは1980年代であり,かなり遅れたと言える。しかしながら,教育評価論の研究においてタイラー原理とともに,その後の教育評価論研究の成果も同時に学ばれてきた。ただし,「後発外啓型」の評価論研究と実践において,最新の研究理念が導入される一方で,それが中国の評価論の体系や評価制度を構築するうえで,中国の実情に応じているのか,参考にできる研究なのかといった問題が生じている。したがって,本研究においては素質教育をその背景としている評価改革に着目し,その動向と課題を明らかにすることを目的とする。

　そこで,研究対象と範囲を明確にするためにも,本研究は次の三つの視角から中国における評価改革を検討したい。第一に,教育方法学の視角から,教育評価改革を考察したい。従来の教育評価論研究においては,心理学や統計学が土台とされてきたため,評価技術に注目する傾向があった[24]。しかしながら,実際に教育評価を行うのは学校であり,教師であるため,教育学の立場から検

討することが重要である。「教育評価は教えと学びをつなげる羅針盤」[25]と言われるように，教育評価を通して，指導と学習の改善，評価と指導，評価と学習の一体化をめざす視角から，評価改革を検討することが重要と考える。

　第二に，現代において教育評価改革が教育政策と教育制度に対し，また理論研究や学校における教育実践に対し，どのように実施されてきたのかを考察することによって，評価改革の現状と課題が明らかになるだろう。それぞれの側面に関する研究は進められている。理論研究に関しては，2000年以降，教育評価に関する著作が急増した。教育評価の定義，原理，原則と方法などについて幅広く論じられている。実践に関しては，実験区における評価改革の実践報告として『基礎教育評価の改革報告』や『新課程評価の操作と案例』などが見られる[26]。しかし，評価改革にかかわる政策を系統的に整理し，評価改革政策が評価論研究に与えた影響および評価改革が学校における教育実践に与えた影響をトータルに検討すること，そして，それらが相互にどのように影響し合っているのかということについて，さらなる検討が必要である。

　第三に，教育評価改革の内側からの検討だけでなく，その背景にある教育観や教育目標の変化および課題について検討することが重要である。したがって，本研究は素質教育を分析することで，それをめざす教育評価改革を明らかにする。そして，素質教育をめざすカリキュラム改革に関する論争を読み解いていくことで，評価改革を再検討する。以上の枠組みのもとで検討することで，評価改革の実相がより詳細に明らかになるだろう。

　この際，特に論争から評価改革を再検討することで，評価改革のもとでの実践において起こっているさまざまな問題を再び解釈し直して，解決する方策を模索することが重要である。しかしながら，このような視点で，評価改革を検討する研究はこれまでほとんど見られなかった[27]。したがって，本研究は素質教育およびそれをめざすカリキュラム改革の内容と論争について考察することで，素質教育をめざす教育評価のあり方と評価改革の課題点を明らかにし，今後の改革を深化させていく方向を模索する。

　以上の視角から中国における評価改革を検討することは，少なくとも次に挙げる意義を持つと考える。第一に，教育方法学の視角から検討することで，試験制度を過度に重視し，教育評価の役割を矮小化する傾向を批判できよう。加

えて，何よりも，指導と学習に有意義な教育評価のあり方を提唱することにつながるだろう。第二に，評価改革の理論と学校教育現場での実践を総合的に検討すること，また，素質教育とカリキュラム改革の論争から評価改革を再検討することで，評価改革の動向と課題がより明確となる。このとき，日本における教育評価論研究の展開を念頭に入れて検討することで，中国の評価改革にだけ着目していたのでは得難い視点から，課題を浮き彫りにすることができるだろう。第三に，日本において中国の素質教育やカリキュラム改革を論じた先行研究はいくつか見られる[28]。しかしながら，中国の教育評価に着目したものは少ない[29]。先行研究においては，試験制度と評価改革の政策を関連づけて論じるだけで，評価論研究の到達点や評価改革が実際に学校教育現場でどのように実践されているかといった点が明らかにされていない。日本と類似した評価論研究における課題を抱えている中国の最新動向と課題の紹介にも，意義があると考える。

第3節　本書の構成

　本書は次の三つの課題を設定し，中国における評価改革の動向と課題を明らかにする。まず，なぜ教育評価改革が行われたのか。評価改革の原因と背景を明らかにする必要がある（第1章）。次に，素質教育をめざす教育評価改革はどのように行われてきたのか。これは「政府により，どのように取り組まれてきたのか」（第2章），そして，「これが教育評価研究にどのように影響したのか」（第3章），さらに「学校教育現場ではどのように実施されているのか」（第4章）について明らかにする必要がある。最後に，教育評価改革はどのように深化していけばよいのか。素質教育をめざすカリキュラム改革をめぐる論争を踏まえ，教育評価改革を再検討し，その動向と課題を指摘する必要がある（第5章）。

　第1章では，教育評価改革の背景を検討する。まず，改革以前の教育評価の状況と課題を考察し，評価改革の内因を明らかにする。次に，評価改革の背景にある素質教育をめざす教育改革を検討し，評価改革の外因を明らかにする。

　第2章では，政府の教育評価改革に関する取り組みの検討を通して，素質教育をめざす教育評価のあり方を明らかにする。そのために，まず，評価改革に

関する政策文書を検討することで，素質教育をめざす教育評価が改革を通じて，いかに展開されたのかを明らかにする。それから，教育評価の特徴と構造を検討することで，教育評価のあり方を明確にする。最後に，カリキュラム・スタンダードである「教学大綱」が「国家課程標準」へと転換されたことを受け，これに伴って評価がどのように変化したのかを考察することで，新しい教育評価の特徴を明らかにする。

　第3章では，教育評価研究者の所論を検討することにより，政府による政策が評価論研究に与えた影響を明らかにする。そのために，まず，新しい教育評価を概括する概念である「発達的評価」に対するさまざまな解釈を整理することで，評価改革が提唱する新しい教育評価について，研究者がどのように受けとめているかを明らかにする。次に，評価モデルの提案，評価目標の議論，評価方法の探索という三つの方面から，どのような研究が最も注目されているのかを検討することを通して，評価論研究の全体像を明らかにする。

　第4章では，教育部[30]が出した調査報告，「総合的素質評価」の実践事例および評価改革に基づく学校の実践例を検討することで，実際の学校教育現場において，どのような改革が進められているのかを具体的に明らかにする。まず教育部の調査報告を整理することで，評価改革の実施状況を把握する。次に，教育評価改革の最前線に立つ，北京市光明小学校の実践事例を取り上げ，評価改革の具体像を明らかにする。最後に，今回の評価改革の目玉となる「総合的素質評価」の実施状況を具体的に考察することで，「総合的素質評価」の現状と課題を明らかにする。

　第5章では，素質教育をめざすカリキュラム改革をめぐる論争を検討する。そのうえで，評価改革の動向を展望する。評価改革を検討するには，その背景にある素質教育，およびそれをめざす教育改革の再検討が重要な視点となる。したがって，本章では，まずカリキュラム改革をめぐる論争の経緯および論争の根本的な焦点を整理する。次に，素質教育をめざす教育評価のあり方を再検討し，再び評価改革の問題点を洗い出す。最後に，これらの問題を解決する切り口としての基準に準拠した教育評価のあり方を展望する。

　終章では，まず各章の簡単なまとめと明らかになった点を示したい。続いて，本研究に残された課題を目標構造，評価論体系，実践事例の選択という三つの

点から明らかにする。最後に，日中における教育改革の比較からの示唆をまとめてみたい。

---

1) イギリスにおいて，1570-1870 年の間に出版された，科挙に関する本は 20 冊以上ある。呉鋼『現代教育评价教程［現代教育評価教程］』北京大学出版社，2008 年，24-26 頁。
2) 王湛「扎实推进素质教育，开创基础教育课程改革新局面［素質教育を確実に推進し，基礎教育カリキュラム改革の新局面を拓く］」鐘啓泉ほか編『为了中华民族的复兴为了每位学生的发展《基础教育课程改革纲要（试行）》解读［中華民族の復興のため・一人ひとりの学生の発展のため「基礎教育課程改革要綱（試行）」の解読］』華東師範大学出版社，2004 年，4 頁。
3) 朱慕菊編『走进新课程——与课程实施者对话［新しいカリキュラムに入る——カリキュラム実施者との対話］』北京師範大学出版社，2002 年，1 頁。
4) 温欣栄・薛国鳳「课程改革背景下基础教育问题的反思［カリキュラム改革を背景とする基礎教育問題の反省］」『課程・教材・教法』2005 年 8 月，11 頁。
5) 同上論文，13 頁。
6) 黄建国「关于课程改革的几点'冷'思考［カリキュラム改革に関する「冷静な」考え］」『課程・教材・教法』2005 年 10 月，9-14 頁。
7) つまり，内容を問わずに多様な授業形式を取り入れるということである。余文森「新课程教学改革的成绩与问题反思［新カリキュラム教学改革の成績と問題の反省］」『課程・教材・教法』2005 年 5 月，3-9 頁。
8) 厳正林・呉文明「新课程中必须处理好的五对关系［新カリキュラム改革において五つの関係を正しく解決せねばならない］」『課程研究』2005 年第 3 期，26-27 頁。
9) 温・薛，前掲論文，14 頁。
10) 胡衛平・韓琴・温彭年・李金碧「小学新课程实施现状调查报告［小学校の新カリキュラム実施の現状調査報告］」『課程・教材・教法』2005 年 2 月，8-14 頁。
11) 鄢向明「课程改革：问题与对策［カリキュラム改革：問題と対策］」『課程・教材・教法』2005 年 2 月，4-7 頁。
12) 「ネック」は中国語で「ビール瓶の首（瓶頸）」という表現で，最もつまずきやすく，肝心な部分を意味する。このような考えは，鄢の上掲論文と次の論文から指摘されている。楊啓亮「制约课程评价改革的几个因素［カリキュラム評価改革を制約する要素］」『課程・教材・教法』2004 年 12 月，6-11 頁。劉啓迪「课程教学评价的理论与实践探索［カリキュラム教学評価の理論と実践の探索］」『課程・教材・教法』2006 年 6 月，9-13 頁。
13) 「考试评价：多元改革期待"破冰"［試験評価：多元改革が「砕氷」を期待］」『中国教

育報』2005 年 11 月 11 日。
14) 同上論文。
15) 張華「把准教育評价改革的方向［教育評価改革の方向を把握する］」『教育測定与評価（理論版）』2010 年 2 月，1 頁を参考。
16) 同上論文，1 頁。
17) このような立場で検討するものはほかにもいくつか見られる。たとえば鄔向明「教育評价：复杂的人与薄弱的評价理論［教育評価：複雑な人間と薄弱な評価理論］」『課程・教材・教法』2006 年第 9 期，楊啓亮「走出課程評价改革的両难困境［カリキュラム評価改革のどちらも困難という苦境から出て行く］」『教育研究』2005 年第 9 期。
18) 陶西平編『教育評价辞典［教育評価辞典］』北京師範大学出版社，1998 年，55 頁。
19) 涂国艶編『教育評价［教育評価］』高等教育出版社，2007 年，4 頁。
20) 陶，前掲書，72 頁。
21) 涂，前掲書，15-21 頁。
22) 中国国家図書館・中国国家数字図書館［中国国家図書館・中国電子図書館］http://www.nlc.gov.cn（2013 年 2 月 25 日確認）。
23) 王倢「当前我国教育評价理論研究存在的問題与実践误区的价值取向分析［目下のわが国の教育評価理論研究における問題と実践の間違いに関する価値志向の分析］」『教師教育研究』2008 年第 6 期，49 頁。
24) 『我国普通教育評価論文目録索引（1984-1991）』において、「評価技術」の論文は 144 編もあり、ほぼ量的な評価と測定に関するものである（潘小碚「教育教学評価研究的発展与問題［教育教学評価研究の発展と問題］」『西南師範大学学報』2001 年 4 月，100 頁）。
25) 田中耕治著，高峡・田輝・項純訳『教育評価』北京師範大学出版社，2011 年，表紙。
26) 于京天・王義君編『基礎教育評価改革報告［基礎教育評価の改革報告］』山東教育出版社，2004 年，厳育洪編『新課程評価操与案例［新課程評価の操作と案例］』首都師範大学出版社，2006 年，王斌興編『新課程学生評価［新カリキュラムにおける児童生徒評価］』開明出版社，2004 年。
27) 周序「十年来教学評価改革成績与問題反思［10 年以来の教学評価改革の成績と問題反省］」（『中国教育学刊』2010 年 10 月）は批判的な意識で評価改革の成績と問題をまとめた。そのなかに論争を踏まえた視点が見られる。
28) 石井光夫「厳しい受験戦争と受験偏重教育の是正」『教育と情報』1992 年 1 月（通号 406），23-25 頁。同「創造性をはぐくむ『素質教育』の推進を教育改革の前面に」『教育と情報』1999 年 10 月（通号 499），38-39 頁。同「中国」本間政雄・高橋誠編『諸外国の教育改革――世界の教育潮流を読む 主要 6 か国の最新動向』ぎょうせい，2000 年。一見

真理子「中国における学力観の転換——『素質教育』の意味するもの」論文集編集委員会編『学力の総合的研究』黎明書房, 2005年, 113-124頁。
29) 項純「『素質教育』をめざす中国の教育評価改革——政府公文書の検討を通して」『教育目標・評価学会紀要』第16号, 2006年11月, 42-52頁。田中耕治編『よくわかる教育評価』ミネルヴァ, 2005年, 218-219頁。
30) 日本の文部科学省にあたる。

第1章 教育評価改革の背景

本章は教育評価改革の動因と背景を明確にするために，まず教育評価制度の整備と評価論研究の展開を検討することによって，素質教育以前の教育評価の状況と課題を考察し，評価改革の内因を明らかにする。次に，評価改革の背景にある素質教育をめざす教育改革を検討し，評価改革の外因を明らかにする。

第1節　教育評価制度の形成と課題

　教育評価研究において，教育測定は初歩的な発展段階である。中国では20世紀初頭の教育が科学化・民主化され新教育へと転換された時期に，教育測定運動が展開された。客観的かつ科学的な測定方法で児童生徒の知能や教育の成果を測定することは，教育評価に対する意識の萌芽を培った。しかし，その後は長年にわたる戦争で，教育の発展が困難に満ち，教育測定や教育評価に関する研究は中華人民共和国の成立まで沈滞した。

　1949年，中華人民共和国が成立し，国家制度は社会主義国家の模範であるソビエト連邦（以下，「ソ連」と略す）のものが全般的に模倣された。教育制度も例外なくソ連のモデルが学ばれた。従来の100点満点制を代表とする教育測定，客観テストが廃止され，ソ連式の学業評価方法である「5段階目標準拠評価」[1]が導入された。ところが，1960年代初めに中ソ関係が崩壊し，それまでのソ連式の教育モデルに強い批判が寄せられると，中国の教育評価政策は行き場を失った。なぜなら，社会主義国家として，資本主義諸国の教育評価法をモデルとして受け入れることができなかったからである。

　本節はこのような背景のなかで，中国における教育評価への自らの模索を中心に，試験制度，評価機関から教育評価制度がどのように整備されたかを検討する。そのうえで，教育評価論の研究がどのように展開されたかを考察することで，素質教育以前の教育評価の状況と課題を明らかにする。

1　共通試験制度の確立

　1949年の建国後，大学入試制度は従来の各大学で独自に試験を行い，応募者から選抜する制度から，同じ地域にある大学の連合による募集や全国統一試験

で募集するという試みが，改革のなかで徐々に行われ，1952年に全国普通高等教育学校の統一募集・試験制度が確立された。

　教育部は1952年6月12日に「全国高等教育学校の1952年夏期における新入生募集の規定」を公布し，その年度から全国の高等教育の学校は，全国一律の共通試験に参加して募集を行うように規定した。それまでの募集制度と比べ，募集人数，応募条件，試験内容，出題，採点，合否などの内容について明確な要求が出された。

　この試験制度は，募集計画の統一，実施の統一，募集プロセスと条件の統一に特徴がある。第一に，募集計画について，各大学が募集人数を各省の政府に申請し，教育部が全国の募集計画を踏まえ，募集人数を許可する。第二に，実施の統一について，試験の実施期間，試験の科目と内容，試験の採点方法が統一された。試験の出題と答案，採点基準が全国高等教育学校募集委員会により作成された。第三に募集プロセスについて，応募条件，政治審査[2]の基準，身体検査の基準，採用原則などについて統一した規定が出され，各省はこれらの規定に従い，試験の実施，政治審査，身体検査などを行うことが定められた。

　中央主導の全国共通試験による募集制度は当時の社会環境と経済発展に適合して，大きな役割を果たした。建国後，国家建設のために優秀な人材育成が急務となり，高等教育が教育事業の発展の重点に位置づけられたからである。教育と試験制度は専門的な人材の選抜，育成と考査を目標とし，選抜試験が採られた。計画経済制度のもと，国民経済の第1期の5カ年計画がその時期に出され，すべての領域で高いレベルの専門的な人材が必要とされた。高等教育の資源が欠如していた当時，統一した募集制度が優秀な学生の選抜，集中的な人材の育成に一定の効果があった。

　なお，この新しい入試制度は国民にも受け入れられた。科挙を代表とする試験文化の歴史が長い中国社会において，共通試験制度について国民から大きな不満の声は上がらなかった。さらに，共通試験は試験以外の人為的な要素の影響を最小限にし，試験の公平性が確保され，国民に平等な機会を与えているものと考えられた。したがって，大学入試における，全国共通試験制度の確立は当時の歴史文化，社会制度，経済発展および国民の需要に応じたものであった。

　しかしながら，共通試験制度は小・中学校にまで影響し，選抜試験による児

童生徒の選抜が強調された。当時の小・中学校では知識教育，とりわけ受験のための教育が重視され，社会に出るための労働教育やキャリア教育は軽視された。このような教育は実践的な能力，労働観，労働技能を育てない受験に偏重した教育だと批判されるようになった。

　このような批判は，文化大革命の時期（1966～1976年）に頂点に達した。政府は教育を社会の生産労働と結合させることを明言し，大学入試制度を廃止した。そこで試験の代わりに，推薦制度が導入された。1966年から1971年まで，全国の高等教育機関からの募集が停止し，大学入試も行われなかった。1972年から大学の募集は再開されたが，大学入試は復活しなかった。「自由応募」，「市民推薦」，「指導者許可」，「学校審査」という募集制度が1976年まで採用された。その際，応募者の出身家庭，政治所見，実践経験などが選抜の基準となり，学力に関する要求は初等教育卒業レベルであった。その結果，学力水準の低い生徒が多く進学し，高等教育の質が低下した。1977年，文化大革命の終息に伴って大学入試が復活した。同年の入試は570万人，翌年の入試は610万人の受験生を迎え，歴史上最大規模の共通試験が行われた。今日まで続く全国共通試験制度はいくつかの教育改革を経験したものの，高等教育募集制度の基本的な手段であり続けた。

　試験が人材の選抜に果たす重要な役割は従来以上に認識されるようになり，大学入試などの選抜試験がより重視されるようになった。その結果，進学率の追求と受験に偏重する教育に学校教育は傾いていった。加えて，経済発展を背景とする優秀な人材への需要の高まりや保護者の教育に対する熱い希望と教育設備の不足の間に見られた矛盾は競争の激化を招き，試験制度が教育を規定する状況に拍車をかけた。こうした傾向は，1980年代にも引き継がれ，教育は英才教育を目的とし，教育内容においても系統性と専門性が強調された。学校と教師は進学率に基づいて評価され，試験による児童生徒の選別と選抜が重視された。小学校の入試から中学校，高校，大学まで，それぞれの進学の際，選抜試験が採り入れられた。このような選抜試験は「指揮棒」のように，試験内容が教師の教える内容，児童生徒の学習する内容を規定した。それゆえ，教育部は「普通中学における教育の質のさらなる向上に関するいくつかの意見」（1983年）において，「卒業試験と進学試験を別々に行い，条件の合う地方が卒

業合同試験の実施を提唱する」と打ち出した。その結果，1992年に全国規模の普通高校卒業に関する合同試験制度が実現された。

このように，1952年からの全国共通試験と1980～1990年代からの高校卒業合同試験の実施により，前者において全国で共通した選抜型試験，後者において資格型試験の試験制度が確立された。

2　教育監督・指導制度の回復と発展

教育の評価と管理・監督の制度も，教育監督・指導（視学）機関の成立に伴って形成された。中国の現代的な教育視学制度は20世紀初頭に登場したが，それが実際に視学の機能を果たし始めたのは1980年代であった。

1949年11月に教育部が成立し，視学局（視学室）が独立した部門として設けられた。のちに，前述の文化大革命という特別な時代背景による中断があったものの，視学局は文化大革命以降に監督・指導局（督導司）と改称し，再び作業するようになった。教育部は「国家教育委員会による監督・指導局の設立に関する通知」[3]（1986年）において監督・指導局の設立を明言し，その機能について「監督・指導局は教育評価と監督の行政機関で，主な任務と職責は地方教育機関と学校が政府の方針，政策，法規を実行する状況を監督し，各地域，学校の教育管理，学校運営と教育の質を評価し，指導と支援をするとともに，教育に関する重大な問題について調査研究と提案を行う」と規定した。つまり，教育監督・指導制度が回復し，教育監督・指導機関は国家の教育方針，政策と法律・法規に基づき，教育活動について監督，視察，点検，評価と指導を行うことになった。

そして，中央政府の監督・指導機関の設立に伴い，省・市・県の地方政府にそれぞれ教育監督・指導機関が設けられた。ここには，教育監督・指導を行う専業・兼業の視学官が採用された。海外の視学機関が教育活動への指導と支援を主な機能としているのに対し，中国では教育監督・指導機関が，文字どおりに「監督」と「指導」の機能を両立した。そして，下位の政府機関がどのように教育事業をしているかを監督することを「督政」，各学校がどのように教育活動をしているかを点検と指導することを「督学」と分けて行っていた点に特

徴がある。監督・指導の対象に応じて,「督政」と「督学」の職責が区別されており,「督政」は教育監督・指導制度の成立当時の教育事情によるものであった。すなわち,1986年7月「中華人民共和国義務教育法」が実施され,「国家は9年制義務教育を実施する」と規定され,義務教育の実施について地方政府が分担し,管理することが要求された。したがって,各地方政府は義務教育法に則って9年間の義務教育を実施しているか,普及の程度はどのようなものかを点検することが監督・指導局の最初の任務となったのである。

　当時,義務教育の普及に関して,次の4点に代表されるような多くの問題があった[4]。第一に,教育の重要性についての認識が遅れていたため,義務教育の普及が各レベルの政府の重要日程に入っていなかった点である。第二に,教育予算が非常に不足し,義務教育の普及に経済上の保障がなかった点である。第三に,教師の社会的な地位が低く,収入が低いため,教師の安定した確保が難しかった点である。第四に,不入学や入学したものの通学しなくなった児童生徒が非常に多かった点である。これらの問題を解決するために,国家教育監督・指導局が地方の政府に対して監督と指導を行った。

　義務教育の普及の監督と同時に,「中学校が進学率を一方的に追求する傾向の是正」(1988年),「小学生の課業負担の過重問題」(1988年),「小・中学校の五項作業[5]に関する点検」(1990年),「普通小・中学校の監督・指導と評価に関する指導要綱」(1991年),「2000年までに義務教育の普及と青年・壮年非識字者の一掃」などの監督・指導が行われた。地方政府を対象に,このような点検および評価と指導の機能を果たすために,教育監督・指導局は政府のなかではほかの局・課などの部門より高く位置づけられた。そして,教育部に属するものではあるが,教育委員会とほかの部門も含めた地方政府の管理と評価をすることができるように位置づけられた。

　以上のように,教育予算の不足,学校設置条件の不完全,9年間の義務教育の普及の困難などを背景に,教育監督・指導制度は政府を対象とする「督政」が主な機能とされ,「指導」より「監督」が主な機能として発揮された。たとえば,「普通小・中学校の監督・指導と評価作業に関する指導要綱」において,学校の運営志向,学校管理,教育の質,設置条件などが評価の項目として出され,義務教育法などの法律法規および政策文書が評価の根拠となった。このような

学校評価指導要綱は経費，設備，教職員の数，教科の数などの学校運営の基本条件が評価の中心となった。実際の教育の質，児童生徒の学力水準の評価はほとんどなされなかった。

1997年に指導要綱が改訂された。1991年の指導要綱に比べより詳細に示されるようになり，「教育の質」において，各教科の基礎知識と基本的な能力に加えて，「学習能力，創造的な能力，操作能力」が強調された。その一方で，卒業率，合格率，身体健康率などの基本的で簡単な評価指標が挙げられた。これによって，達成すべき最低基準が明らかにされたものの，教育の質を把握できる評価基準は見られなかった。

2000年代からは，義務教育の全面的な普及に伴い，教育が直面する問題が「人々が教育を受けることができるのか」から「人々がいい教育を受けることができるのか」に変わった。量的な向上が一定の成果を上げたため，今度は教育の質の向上が課題となり，教育監督・指導も「督政」に加え，「督学」の機能が強調されるようになった。学校において，教育の質の向上に，どのような指導と支援が必要なのかがますます重視されるようになった。そこで2006年，「教育部基礎教育モニタリングセンター」が上海市教育科学研究院に設立された。同センターは学校設置条件，経費の保障，教育の質と教員の状況を含む全国の基礎教育の発展状況を監督した。翌年，「教育部基礎教育の質に関するモニタリングセンター」が北京師範大学内に設けられた。このセンターは全国の児童生徒の学習状況や心身の健康状況，および児童生徒の発達に影響を及ぼす要素について全面的かつ系統的に点検・評価を行うようになった。教育監督・指導局はこの二つのセンターを管理し，具体的な作業を担当する。これらのセンターの設立によって，初等・中等教育の質をモニタリングする体系が確立され，全国の教育状況を点検・評価することによって，政策立案のために有効な情報とデータを提供することに重要な役割を果たし始めた。

3　教育評価理論の導入と発展

1977年，大学入試の復活に伴って，公正で合理的かつ科学的に児童生徒をどのように評価し，選抜するのかが課題となった。大学入試改革の研究に伴い，

1982年に上海市は初めて「基礎の強化，能力の育成，知力の発達」をめざす改革目標を打ち出した。そこで，能力をどのように考査するのかなどの評価問題に注目が集まった[6]。同時期，海外の教育評価に関する論文と著作が多く翻訳され始めた。1983年に，国際教育到達度評価学会（IEA）の主席であるフセン（Husen, T.）が，中国教育部の招聘を受け世界の教育発展の動向および国際教育評価研究と実践活動の動向について講演を行った。その後，ブルーム（Bloom, B. S.）をはじめ教育評価の専門家が続々と中国を訪れ，教育評価に関する講演を行った。1984年1月に，中国は正式にIEAに加入し，中央教育科学研究所に，「中国国際教育到達度評価センター」が設立された。そして第2回のIEA理科調査（SISS）に参加し，大規模な学力調査が行われた。これらの活動によって，教育評価について国内に普及させるための基礎が作られ，中国の教育評価研究は海外の学界との交流を深めていった。これらの経験を踏まえ，1985年から標準テストが大学入試に採用されるようになった。最初は英語と数学の2科目で使われ，「高等教育学校の募集における全国共通試験の基準化の実施計画」（1989年）の公布によって，標準テストが全国の大学入試および卒業合同試験などで採用された[7]。

1985年，中国共産党中央委員会が「教育体制の改革に関する決定」を公布し，学校評価，とりわけ高等教育に対する評価が強調された。そこから，さまざまな教育評価研究が積極的に行われた。教育評価に取り組む研究者が多くなり，教育評価に関する論文および著作が増え，1981年から1990年の間に初等・中等教育評価に関する論文は682編，著作が十数冊に上った[8]。ほとんどのものは，直接または間接に教育評価の問題について論じている。こうして，中国の評価理論の枠組みの基礎が形成された。

1990年，教育部による「普通高等学校における教育評価に関する暫時実行規定」という初めての教育評価を冠する法的公文書が打ち出され，教育評価の目的，意義，形式，組織などが明示された。同年に教育評価専門委員会，翌年に中国教育評価研究協同組合が設立された。教育評価研究は公的に認められ，評価理論の枠組みの構成を促進した。1990年代の半ばまでのこの時期において，教育評価研究者は次のような研究をしていた[9]。すなわち，評価の定義，機能，種類，規準，モデル，構造，原則，収集と処理の方法，評価・再評価など評価

に関するほとんどの問題，さらには学生（児童生徒も含む）評価，教師評価，職員評価，カリキュラム評価，教学評価，徳育評価，体育評価，教育管理評価，学校運営評価などの異なる領域における評価の問題である。

このように 1980 年代から二十数年間の教育評価研究においては，海外の評価理論を紹介，導入し，そして自ら評価研究理論を探索し，初歩的な評価理論の枠組みを形成した。

以上見てきたように，1977 年の大学入試の回復を機に，その後の約 20 年において，大学入試に全国共通試験，高校卒業に合同試験，中等教育修了に資格試験，中等教育と高等教育の接続に選抜試験という試験制度が確立された。そして，全国の教育事業の発展状況を監督，評価，指導する教育監督・指導制度が確立され，教育の質をモニタリングする体系が形成された。

しかしながら，これらの教育評価に関する制度の設立はまだ初歩的段階にあり，評価の理論研究の成果を十分に反映していないという問題も見られる。そして，教育評価は外的，強制的，功利主義的，実用主義的，行政管理主義的な傾向が見られ，選別機能の強調，改善，激励と発展の機能の軽視，外部目標の実現の重視，評価対象のニーズの軽視という問題も抱えていた。ここでは評価は，評価対象の内発的動機を引き出すことや，主体的な発達とは結びつけられなかった[10]。加えて，児童生徒に対する評価，教師に対する評価に関する理論と実践は不十分であった。したがって，どのような評価制度が教育の質を向上させ，児童生徒の課業負担を減少させ，児童生徒の主体的な学習と健全な発達を促すのかが課題となった。

第 2 節　素質教育をめざす教育改革の展開

1　「応試教育」の展開とその批判

1980 年代，英才教育の教育思想が主導的であったことはすでに見てきた。この時代，教科の系統性と専門性が強調され，また教育内容も多く，児童生徒の実生活から隔絶した難しい内容が多かった。そのため，学習に理解が伴わず，学習方法は暗記と反復練習を主としていた。他方で，学校と教師は進学率で評

価されていたため，試験による児童生徒の選別と選抜が重視された。こうした受験に偏重した教育は児童生徒の心身に大きな負担をかけ，多くの落ちこぼれた児童生徒，また試験ができても創造力や思考力の乏しい児童生徒を生み出した。こうした教育は「応試教育」という名で批判された。

「応試教育」が政府公文書に初めて登場したのは1993年の「中国教育改革と発展綱要」であった。ここでは「小・中学校は『応試教育』から国民素質を全面的に向上させる軌道に転換すべき」と述べられている。その後，「応試教育」に関する解釈は次のように正式に示された。「応試教育はわが国の現行の初等・中等教育の概括ではなく，そのなかで受験と進学を過度に目的とすることが引き起こした弊害の概括である。実際はわが国の教育実践における学習者と社会発展の需要から逸脱している。応試教育は受験や高い成績，進学率のために教育をする傾向を指す」[11]。

しかしながら，「応試教育」は公文書に登場する以前に，字義どおり，試験に対応する教育として一般用語として定着していた。この意味での「応試教育」の歴史は古く，「科挙制度」に応じる教育も典型的な「応試教育」とみなすことができよう。「勉強して→受験して→役人になる」という1000年にわたって形成されたモデルは，今日でも中国人の意識に根強い[12]。改革開放以後，沿岸部と内陸部，あるいは都市部と農村部の経済格差が広がった。このような情勢のなかで，一般の庶民，特に農村部の人にとって，立身出世の唯一の道は教育であった。しかし，進学希望者に対して募集人数は非常に少ない。さらに一人っ子政策[13]を採る中国において，保護者の児童生徒に対する教育熱は「応試教育」を加熱させた[14]。

では，「応試教育」と規定される条件とは何か。1990年代中期までの教育において批判された点を概観すると，次の二つが条件として考えられる。一つは，進学率が学校教育を評価する唯一の基準となる場合である。もう一つは，児童生徒に過重な負担をかける場合である。この二つの条件が揃ったとき「応試教育」と言える。

表1-1は1977～2008年の初等・中等・高等教育の進学率の統計である。小学校から中学校（初級中学）への進学率は最も高く，とりわけ「義務教育法」(1986年)の実施に伴い，上昇の一途をたどっている。中学校から高校（高級中学）

表1-1　1977～2008年の初等・中等・高等教育の進学率統計

年	初級中学への進学率(%)	高級中学への進学率(%)	高等教育への進学率(%)	年	初級中学への進学率(%)	高級中学への進学率(%)	高等教育への進学率(%)
1977	92.0	64.9	4.7	1993	81.8	44.1	43.3
1978	88.7	42.3	5.9	1994	86.6	47.8	46.7
1979	82.8	38.5	3.8	1995	90.8	50.3	49.9
1980	75.5	42.2	4.6	1996	92.6	49.8	51.0
1981	68.1	30.3	5.7	1997	93.7	51.5	48.6
1982	66.2	32.3	10.2	1998	94.3	50.7	46.1
1983	67.3	35.5	16.6	1999	94.4	50.0	63.8
1984	66.2	38.4	25.0	2000	94.9	51.2	73.2
1985	68.4	41.7	16.1	2001	95.5	52.9	78.8
1986	69.5	40.6	17.5	2002	97.0	58.3	83.5
1987	69.1	39.1	25.0	2003	97.9	59.6	83.4
1988	70.4	34.8	26.7	2004	98.1	63.3	82.5
1989	71.5	38.3	24.6	2005	98.4	69.7	76.3
1990	74.6	40.6	27.3	2006	100.0	75.7	75.1
1991	77.7	42.6	28.7	2007	99.9	80.5	70.3
1992	79.7	43.6	34.9	2008	99.7	82.1	72.7

出典：『中国教育年鑑［中国教育年鑑］(1949-1981)』中国大百科全書出版社，1984年。『中国教育年鑑 (1982-1984)』1986年，『中国教育年鑑 (1985-1986)』1988年，以上，湖南教育出版社。『中国教育年鑑 (1988)』1989年，『中国教育年鑑 (1989)』1990年，以上，人民教育出版社。『中国教育統計年鑑［中国教育統計年鑑］(2010)』人民教育出版社，2011年。

への進学率は1994年まで50％以下が続き，最も低い1981年は30.3％しかなかった。1995年以降，少しずつ上昇していき，2004年からやっと60％以上に至り，2008年に82.1％になった。つまり，1990年代まで，半分以下の中学生しか高校に進学できなかった。もっと競争が厳しいのは高校から大学（高等教育）への進学である。1981年までの高校から大学への進学率は10％以下で，最も低い1979年は3.8％しかなかった[15]。文化大革命の時期で進学しなかった人々が同時期に集中して大学入試に参加し，限られた募集人数に対して応募人数が異常に高くなったことで，史上最低進学率の時期が生まれた。1982年以後，高等教育の募集人数の増加に伴い進学率も増加した[16]。したがって，1980年代までは，3割以下の高校生しか大学に進学できず，競争の激しさ，生徒への受験圧力が非常に深刻であったことがわかる。このような進学競争の厳しい時期において，進学率は教育行政機関や保護者が学校の教育の質を判断する主な指標

であった。そのため，いかに学校の進学率を高めることができるかが学校教育の主な目標となり，進学率を一方的に追求する教育，すなわち「応試教育」の第一の条件を満たす教育が行われた。

　一方，「応試教育」は児童生徒に大きな負担をかける。それは「過重な学業負担」，「過重な課業負担」としてよく表される。児童生徒の過重な課業負担を問題視した公文書は1960年代から提出され，現在でもこの点が強調されている。児童生徒の課業負担の減少をめざす公文書は1964年，1966年，1988年，1993年，1994年，1995年と次々に提出された[17]。

　1994年，当時の国家教育委員会は北京市，天津市，上海市，河北省と遼寧省の五つの省・市に対して，義務教育段階における児童生徒の課業負担の改善状況を調査した。次の6点のように，課業負担が依然として重いという調査結果が出されている[18]。

- 国語，算数・数学，外国語，物理などの進学試験科目の授業数が教育課程計画以上に増やされ，音楽，美術，労働技術などの授業は十分に行われなかった。
- 中学校において，夏休みや冬休みに補習授業が一般的に行われ，小学校において，宿題の量が一般的に規定以上になっていた。
- 試験の結果とそれによる順位づけが公表された。
- 児童生徒が学校，先生，親の指示で大量の問題集を持っていた。
- 児童生徒が頻繁に各教科のコンテスト，発展学習の課外教室に参加していた。
- 児童生徒の睡眠不足や視力低下。

　また，表1-2からわかるように，上海の小・中学生の半分以上は各教科コンテストに参加したことがあった。1年間で9回のコンテストに参加した児童生徒も少なくなかった。中学校においても，1割か2割の生徒が頻繁にこのような活動に参加していた。さらに，学校外で発展的な学習をするための各種の教室に参加する児童生徒も大勢いた。資料1-1で示したように，一般的なある小学6年生は学校での学習，塾での学習，家庭での学習のため，非常に忙しい毎日を送っていることがわかる。週に4日は夜8時に帰宅して，宿題，問題集の練習問題に取り組む児童生徒は，心身に大きな負担を感じることだろう[19]。

表1-2　上海の小・中学生が1993年に各教科のコンテストに参加した状況

学校＼回数	1回	2回	3回	4回	5回	6回	7回	8回	9回
中心小学校	35.00	21.67	16.67	8.33	6.67	3.33			5.00
一般小学校	44.91	17.74	16.98	4.15	5.28			0.75	8.30
重点中学校	50.00	17.31	17.31	1.92		1.92	0.96		10.58
一般中学校	38.36	19.18	13.70	2.74				1.37	24.66

（数値はパーセント）

出典：国家教育委員会「关于五省，市减轻义务教育阶段学生过重课业负担情况进行督导检查的综合报告［五省・市における義務教育段階の児童生徒の過重な課業負担を減らす状況に関する監督・指導と点検の総合報告］」国家教育監督・指導団事務局編『当代中国教育監督・指導［当代中国における教育の監督・指導］』人民教育出版社，2007年，264頁。

資料1-1　瀋陽市のある小学6年生の1週間

【平日の学校】
 7:20- 8:00　朝の自習
 8:00-11:30　授業
11:30-13:00　昼休み
13:00-16:30　授業と自習　　　　　　⇒校内の学習時間は7.5時間

【課外の学習】
月曜日 17:30-19:30　算数向上教室
水曜日 17:30-19:30　小学生作文向上教室
木曜日 18:00-19:00　英語課外教室　　⇒ 20:00以後に帰宅，21:30宿題完成

【休日の学習】
土曜日 17:30-19:30　算数オリンピック教室
日曜日 11:00-13:30　英語課外教室

出典：国家教育委員会「关于五省，市减轻义务教育阶段学生过重课业负担情况进行督导检查的综合报告［五省・市における義務教育段階の児童生徒の過重な課業負担を減らす状況に関する監督・指導と点検の総合報告］」国家教育監督・指導団事務局編『当代中国教育監督・指導［当代中国における教育の監督・指導］』人民教育出版社，2007年，264-265頁を参考にし筆者がまとめた。

　このように，「応試教育」は児童生徒に大きな負担をかけていた。プレッシャーに耐えられず，自殺や親を殺害する事件もあった[20]。しかしながら，過重な課

業負担を背負っている児童生徒は必ずしも期待どおりに知識と能力を習得できたわけではない。指示どおりに受動的に学習する習慣が身につき，主体性，創造的な精神，批判的思考，および実践的な能力が不足していることが批判された[21]。このような批判を背景に，「応試教育」の弊害を克服し，児童生徒の全面的な発達をめざす素質教育が提唱されるようになった。

2　素質教育の登場

　現在でこそ「素質教育」はポピュラーであるが，提起された当時，統一的な理解は容易ではなかった。素質教育の提起から最終的に国家政策として定着した経緯を見てみよう。

　素質教育は造語であり，1987年第2期『貴州教育学院学報』に発表された「人材素質と素質教育改革」という論文において初めて登場した[22]。これは地方雑誌であるため，あまり注目されなかった。1990年，燕国材が『教育科学研究』に「素質教育に関するいくつかの問題」という論文を発表してから，素質教育に関して議論がなされるようになった。最初の論点は素質教育の「素質」とは教育によって変えられるものかという点である。そもそも辞書においては，「心理学における素質は人間の神経系統と感覚器官の先天的な特徴」と定義されている（『現代漢語辞典』商務印書館，1987年，1096頁）。つまり，素質は生まれつきのものであり，教育はそれを変えることができないことを意味する。この定義にしたがう場合，そもそも「素質教育」という概念は成立しえない。他方で，「素質」は先天的な要素と後天的な要素の相互作用によるものとする主張がある。ここでは，心理学的な定義は狭義であり，素質とは教養なども含むとする広義の立場に立つ理解が必要であると指摘する。そして，「素質」は「人間が先天的な要素を基に，後天的な環境の影響と教育訓練によって獲得した安定的，長期的に作用する基本となる要素から構成され，それには思想，知識，身体，心理などの要素を含む」[23]という定義が共通に認められるようになった。素質教育はこの定義に基づく教育である。

　研究者の素質教育に関する議論と同時に，「応試教育」への批判は学校でも展開され，素質教育実践が模索された。たとえば，社会に評価されるようなす

ばらしい「人材」ではなくても，自分なりに「成功」ができたという自信を生徒に持たせる上海閘北八中学校の「成功教育」，天津市育嬰里小学校の「調和教育」，北京一師附属小学校の「快楽教育」，児童生徒の主体性を重視する「主体性教育」などのさまざまな実践が現れた[24]。こうした実践のなかには，その地方だけでなく全国でも注目されるものも現れ，よさが提唱されるようになった。これらの実践は学校が独自に模索したものなので，それぞれに特色があり，名称も異なっているが，次の点で共通している。すなわち，いずれの実践においても「応試教育」を批判し，一部の英才を育成するのではなく，児童生徒の全体を対象とし，学習する意欲，関心，学習の楽しさ，習得できる達成感を教育の重要な目標としている点である。後に，これらの実践は素質教育の成功モデルとして提唱された。

　このような研究と実践を踏まえ，素質教育の理念と言葉が政策文書に登場するようになった。1993年に公布された「中国教育改革と発展に関する要綱」において，国家政策として素質教育が盛り込まれることになった。そこでは，「小・中学校は応試教育から国民素質を全面的に向上させる軌道に転向し，児童生徒全体を対象とし，思想道徳，文化科学，労働技能と身体素質を高め，児童生徒が生き生きとする活発な発達を促進し，自らの特色を生み出すべきである」とされていた。ここには「素質教育」という言葉自体は見られないものの，国民素質の向上をめざす教育，児童生徒の全面的で個性豊かな発達を促進する教育は正に素質教育の理念と一致している。

　このことから，国家政策としての素質教育は「中国教育改革と発展に関する要綱」から始まると考えることができる。翌1994年の全国教育工作会議において，李嵐清副総理は「初等・中等教育は応試教育から素質教育の軌道に転換しなければならない」と素質教育について明言した。さらに，1996年に公布された「中華人民共和国国民経済と社会発展『九五』計画と2010年を展望する目標要綱」のなかで「積極的に教学改革を推進し，人材の育成モデルを改革し，応試教育から全面的に素質教育へ転換する」という記述がなされ，その後，素質教育は法的な性格を帯びるようになった。

　以上のように素質教育の提唱と普及，そして国家政策としての後押しを受け，1999年6月，国務院[25]が公布した「教育改革の深化と素質教育の全面的推進

に関する決定」(以下「決定」と略す)において次のように明確に定義された。「素質教育とは国の教育方針を全面的に貫徹し，国民素質の向上を根本的な趣旨とし，児童生徒[26]の創造的な精神と実践的な能力の育成に力点を置き，『理想あり，道徳あり，教養あり，規律あり』の徳育，知育，体育のすべての面で発達する社会主義事業の建設者と後継者を育成する教育である」(第1条)。

　素質教育の定義は確かに「決定」によって規定された。しかしながら，その理解には幅がある。一般的には次の共通点が挙げられる。たとえば，田奕は「全体的」「全面的」「能動的」という三つのキーワードで説明している[27]。まず，「全体的」とは，すべての児童生徒のための教育ということである。これは，「国民素質の向上」をめざすため，初等・中等教育は国民全体を対象としなければならないからである。次に，「全面的」とは，児童生徒の思想道徳，科学文化，身体，審美，労働，心理などの素質のすべてを意味する。児童生徒の知識，感情，希望，行為および知的要素，非知的要素の全面的な調和と発達を重んじ，徳・知・体・美・労を全面的に育成しなければならないからである。そして，「能動的」においては，「創造的な能力」と「実践的な能力」の育成が強調されている。具体的には，児童生徒の自らの思考と創造しようとする意識を励まし，科学的精神と創造的な思考習慣を培い，情報を収集する能力，新しい知識を獲得する能力，問題を分析し解決する能力，言語表現能力と団結協力し社会活動ができる能力を育成することである。

　なお，前述の素質教育が国家政策へと至る経緯からわかるように，素質教育では児童生徒の個性が強調される。この点も素質教育の重要なキーワードと考えられる。素質教育の「素質」という言葉は，先天的な素質と後天的な教育によって得られた素質が含まれる広義の解釈に基づくため，児童生徒の個性，潜在能力などの先天的な特徴を重視しながら，同時に徳・知・体・美・労などの全面的な発達をめざす教育が素質教育であることがわかる。

　以上を踏まえると，素質教育とは，児童生徒全体の基本素質すべての向上を目的とし，児童生徒の主体性を尊重し，各潜在能力の開発を重んじ，個性のある健全な人間を育成する教育だと言うことができる[28]。

　こうして素質教育の定義と特徴が明確になった。では，素質教育は実際にどのように実現されているのか。次項では素質教育をめざす初等・中等教育カリ

キュラム改革について考察し，素質教育によって中国の教育が重大な転換を迎えようとしていることを明らかにする。

3　初等・中等教育カリキュラム改革の展開

「決定」の指示のもと，素質教育を推進するために，まず基礎教育（初等・中等教育）において改革が行われた。2001年，教育部は「基礎教育課程改革要綱（試行）」（以下「綱要」と略す）を公布し，新たなカリキュラム改革を始めた[29]。「綱要」において，素質教育に応じる初等・中等教育課程の体系を構築することを決定し，次の六つの改革の目標が明らかにされた。

①知識の教授を過度に偏重する傾向を変える。積極的な学習態度の形成を強調し，基礎的・基本的な知識と技能を習得するとともに，学習方法の習得と正確な価値観を形成するプロセスにする。
②これまで，教科中心を強調するあまりに科目数が多すぎた。また科目それぞれも統合的ではなかった。そこで，9年間一貫したカリキュラムを設定し，総合的な科目を設けることによって，カリキュラム構成のバランスをとり，総合性と選択性を重視する。
③教育内容は「難しい，多い，偏りがある，古い」。そして，教科書に書かれた知識に過度に偏重してきた。こうした現状を改め，教育内容が児童生徒の生活，現代社会および科学技術の発展と関連づいたものにする。また，児童生徒の関心と経験に注目し，生涯学習に必要とされる基本・基礎的な知識と技能を精選する。
④カリキュラムの実施，つまり指導と学習において，受動的な学習，暗記学習，ドリル学習が強調されていた。児童生徒の主体的な参加，楽しい探究や実践を重視し，情報の収集・処理能力，新しい知識を獲得する能力と問題解決能力，コミュニケーション能力と協力する能力を育成する。
⑤教育評価については，選別と選抜の機能を強調してきたことを改め，児童生徒の発達を促進する機能を重視する。
⑥カリキュラムの管理は国家の中央集権的なものから地方，学校の分権的管

理へと改める。カリキュラムを地方，学校，児童生徒により適応させる。

　以上の目標が初等・中等教育のカリキュラム改革の枠組みとなっている。このように，まず，一貫性，総合性，選択性のあるカリキュラム編成が行われた。児童生徒の発達を踏まえ，9年間一貫したカリキュラムを編成し，小学校に「道徳と生活」，「芸術」，中学校に「歴史と社会」，「科学」，「総合実践活動」[30]というような総合的な科目を設置した。そして，地方と学校にカリキュラムの選択と開発の権利を与え，弾力性のある教科と時数配分を設定した。たとえば，「国語」の時数は全科目時数の20〜22％，「総合実践活動」と「地方と学校課程」は合わせて16〜20％である[31]。こうして，これまでの中央集権的なカリキュラム管理が，地方，学校に分権化され，地方と学校は状況に応じて創意工夫して，教育課程の選択，開発，実施ができるようになった。地域間の教育格差の是正をめざし，よりよい発展と独自の学校文化の創造が求められている。

　そして，カリキュラム・スタンダードである「教学大綱」は「国家課程標準」に変更され，授業，教材，評価に大きな影響がもたらされた。「課程標準」において，これまでの「知識と技能」に加えて，「過程と方法」，「感情・態度と価値観」にかかわる目標が設定された。すなわち，知識の教授を中心とする授業から，学習方法の定着と学習態度・価値観の形成をも目標とする授業への転換が期待されている。これを受け，教育目標に準拠する評価も大きく変わった。

　このように，この改革によりこれまでの初等・中等教育課程体系が大きく転換した。「今回の改革は，変化が大きい，スピードが速い，困難が多いといった面において，これまでの7回の改革を圧倒的に超えるものである。改革によって，中国の初等・中等教育は教科中心，知識中心から，すべての児童生徒の発達に注目した教育へと，歴史的な転換を実現する」[32]。

　こうした素質教育の実施および初等・中等教育カリキュラムの改革のなかで，評価の問題は特に重視された。評価改革の実施は最も肝心な部分だと認識され，精力的に展開された。次章では，教育評価改革を検討しよう。

まとめ

　第1章は次のことを明らかにした。1977年の大学入試の回復を機に，その後の約20年において，大学入試に全国共通試験，高校卒業に合同試験，中等教育修了に資格試験，中等教育と高等教育の接続に選抜試験という試験制度が確立された。そして，全国の教育事業の発展状況を監督，評価，指導する教育監督・指導制度が確立し，教育の質をモニタリングする体系が形成された。このように，教育評価制度は初歩的ではあるものの構築されたと言える。一方で，教育評価の理論的な研究成果を十分に反映していない，外的，強制的，功利主義的，実用主義的，行政管理主義的な傾向があるという問題が残されていることも明らかとなった。とりわけ，試験制度が評価制度の中心に位置づけられたことで，多くの問題を引き起こした。進学率だけで学校と教師を評価し，試験によって児童生徒の選別と選抜を行う状況は児童生徒に大きな負担をかけた。落ちこぼれ，試験ができても創造力や思考力が乏しい，視力・体力の低下などの「応試教育」に対する批判を背景に，1990年代後半，児童生徒の主体性を尊重し，各潜在能力の開発を重んじながら，徳・知・体などの基本的な素質をすべて発達させる素質教育が提唱されるようになった。こうした素質教育の実施および初等・中等教育カリキュラム改革の展開において，評価の問題は特に重視され，評価改革の実施は最も肝心な部分だと認識された。

---

1) 中国の翻訳の原語は「五級分制記分法」（五級分制記分法），または「五級分制評定法」（五級分制評定法）である。5段階に分けて成績をつける。つまり，5点（優），4点（良），3点（中），2点（差），1点（劣）である。このとき，2点が合格の水準である。評価の基準は「教学大綱が規定した知識，技能と技巧」，「教材に対する理解の程度」，「知識の強固さ」，「知識の応用能力」と「知識を口頭や筆記によって表現する能力」，「間違いの量と程度」の六つの部分に準拠して作成する。たとえば，「5点の水準は教学大綱が規定した教材を徹底的に熟知し理解している。深い理解と確かな習得を得ており，質問に正確に答えることができる。各種の実際の課題に，独自に学んだ知識を活用する。口頭の答えや筆記の答えにおいて，正確な表現ができ，間違えない」という最高の水準をまず決めたうえで，4点，3点，2点，1点までのそれぞれの水準を順次決める。
2) 政治審査は入党，入隊，入学，国家機関での就職や幹部就任などの際に行われる思想

性・政治性についての審査である。
3) 国家教育監督・指導団事務局編『当代中国教育督導［当代中国における教育の監督・指導］』人民教育出版社，2007年，177頁。
4) 金一鳴「『督政』与『督学』相結合――具有中国特色的我国教育督導制度［「督政」と「督学」の結合――中国：特色あるわが国の教育監督・指導制度］」『徐州師範大学学報（哲学社会科学版）』第30巻，2004年3月，121頁参考。
5) 徳育に関する方針の実行状況，教育費投入の予算増加政策と教師の経済面での待遇の実現状況，危険な校舎の改造状況，小・中学生の流失を防ぐ状況，雑費徴収を規範に合わせる状況という5項の作業である。国家教育監督・指導団事務局，前掲書，188頁。
6) 肖遠軍著『教育評価原理及応用［教育評価の原理と応用］』浙江大学出版社，2004年，45頁。
7) 劉海峰ほか編『中国考試発展史［中国試験の発展歴史］』華中師範大学出版社，2002年，350-351頁参考。
8) 金一鳴『教育原理［教育原理］』安徽教育出版社，1996年，415頁。
9) 于京天・王義君編『基礎教育評価改革報告［基礎教育評価の改革報告］』山東教育出版社，2004年，8頁。
10) 肖遠軍著『教育評価原理及応用［教育評価の原理と応用］』浙江大学出版社，2004年，47-48頁参考。
11) 国家教育委員会「関于当前積極推進中小学実施素質教育的若干意見［目下の小・中学における素質教育の実施を積極的に推進する若干の意見］」1997年。
12) 田奕「中国の『素質教育』についての検討――経済の高度成長期における日中の教育政策の比較」『人文学報』308号，2000年3月，102-121頁。
13) 1970年代から人口を抑える計画出産政策が実施され始め，1982年に基本国策と決められ，2001年の「中華人民共和国人口と計画出産法」の登場によって，法律で規定された。計画出産とは一夫婦は一人の子どもを産み，「晩婚，優生，優育」を提唱する。そのため，「独生子女政策［一人っ子政策］」とも言う。
14) 中国青少年研究センターと中国青少年発展基金会による全国調査（1998-1998年）において，28歳以下の都市青年が望む自分の子女の学歴について，44.5%の人は博士以上，26%の人は修士，21.4%の人は学士であってほしいとの三つを合わせて，大学以上の学歴を持ってほしい人は91.9%もある（陳斌・何世英「関于"減負"問題的理性思考与対策［「減負」問題に関する理性的な思考と対策］」『新疆教育学院学報』2002年第1期）。
15) 1949～1960年の高校進学率は非常に高くて，ほぼ100%に達していた。一部健康の状況を原因に進学できなかった生徒を除いて，卒業生は全入だった。当然，それは当時の高校生の数が非常に少なかったことも要因としてあった。少ないときは3.6万人（1952

年)，多いときは 29.74 万人（1959 年）。それに対して，1977 年は 585.8 万人，1980 年には 616.2 万人に上った。

16) 1999 年，高等教育の募集人数を大幅に拡大するという政策が出され，募集人数は 1999 年は 1998 年より 50% 増え，2000 年は 1999 年より 50% 近く増えた。その影響で，高校進学率は 50% 以上に上り，その後ずっと 70% 以上を維持し，80% 以上に増えたこともあった（2002-2004 年）。

17) たとえば，国家教育委員会，「关于减轻义务教育阶段学生过重课业负担，全面提高教育质量的指示［義務教育段階における児童生徒の過重な課業負担の減少と教育の質の全面的な向上に関する指示］」（1993 年），同「关于全面贯彻教育方针，减轻中小学生过重课业负担的意见［教育方針の全面的な貫徹と小・中学における過重な課業負担の減少に関する意見］」（1994 年），同「国家教委『关于五省，市对减轻义务教育阶段学生过重课业负担情况进行督导检查的综合报告』［国家教育委員会「五省・市における義務教育段階の児童生徒の過重な課業負担を減らす状況に関する監督・指導と点検の総合報告」］」（1995 年）。

18) 国家教育委員会，上掲 1995 年報告，および国家教育監督・指導団事務局，前掲書 3，263-265 頁。

19) 銭民輝は「応試教育」による心理的な問題を 10 個にまとめた。①強迫現象——解答を何回も検査する。②偏執——他人の考えといつも違う。③敵意——理由もなく怒ったりする。④人間関係に敏感——人と仲良くするのは苦手。⑤抑鬱——学業や将来に希望が見られない。⑥焦慮。⑦学習圧力感。⑧適応不良——学校生活に不適応。⑨精神不安定。⑩不健全な心理——自分より成績のよい人に嫉妬する。銭民輝「教育処在危機中，変革勢在必行——兼論『応試教育』的危害及潜在的負面影響［教育が危険，変革が急務——『応試教育』の弊害と潜在のマイナス影響を論ずる］」『清華大学教育研究』2000 年第 4 期。

20) 「1992 年 4 月『解放日報』によると，数名の小学生が成績のプレッシャーで自殺，1995 年に中学生の毛さんが先生に罰として課された大量の宿題に耐えられずに自殺，1996 年に算数オリンピックの成績がよくないため，小学生が自殺」（柳斌「江沢民講演精神を勉強し素質教育を全面推進」『国家高級教育行政学院学報』2000 年第 4 期），「青海の小学生が母親に棒で殴られ死亡——2 教科の成績が 90 点以下であり，それを親に隠したから」（『人民日報』1987 年 12 月 29 日付），「浙江『良い学生』が母を殺害する事件による反省」（『光明日報』2000 年 2 月 15 日付）。

21) 柳，上掲論文。

22) 于建福「促进人的全面发展 提升国民综合素质——改革开放 30 年素质教育重大政策主张与理论建树［人間全面発達の促進 国民総合素質の向上——改革開放 30 年におけ

る素質教育政策主張と理論の建設]」『教育研究』2008年第12期，4頁。
23) 柳斌「関于素質教育的思考［素質教育に関する思考］」『人民教育』1995年Z1期。
24) 劉京海『劉京海成功教育随筆［劉京海による成功教育の随筆］』上海教育出版社，2008年，毛広夫「創設楽学状況　実施和諧教育——天津市育嬰里小学校長教師話改革［楽学状況を設定，調和教育を実施——天津市育嬰里小学校の校長と教師が改革を語る］」『天津教育』1992年第11期，張忠萍「快楽・和諧・体験・発展——北京一師附小快楽教育的思考与実践［快楽・調和・体験・発展——北京一師附属小学校快楽教育の思考と実践］」『北京教育』2008年03期を参考。
25) 国務院は中華人民共和国の最高国家権力機関で，全国人民代表大会および全国人民代表大会常務委員会の執行機関である。
26) 中国語原文は「学生」という表現で，児童生徒と大学生を含む学習者の意味である。本書は初等・中等教育に焦点を当てるため，「児童生徒」を用いる。
27) 田，前掲論文。
28) 本書では以下，この意味で「素質教育」という言葉を用いることにする。
29) これは建国以来の8回目のカリキュラム改革である。それまでの7回のカリキュラム改革の年代区分については，論者によって多少違いがある。たとえば，鄭東輝は次のように分けている。1回目のカリキュラム改革（1949-1952年）では，1949年に初めての全国教育工作会議が始まり，ソ連の教育モデルを模倣し，全国統一する教学計画，教学大綱，教科書を作成することが決定され，中央集権の教育モデルが特徴であった。2回目の改革（1953-1957年）では，実施している教学計画，教学大綱と教科書の修正が行われ，小・中学の各教科を備えた教学大綱が初めてできた。3回目の改革（1957-1963年）では，「徳育・知育・体育を発達させ，社会主義的な覚悟と知識文化を持つ労働者を育成する」という教育方針の下で，知識教育と労働教育が中心に実施された。学習年数と教育内容が削減され，労働時間が増加された。正常の学校教育が保障されなかったが，徳・知・体の全面発達および実践を重視する教育観ができたという。そして初めての地域教材と選択科目が一時できた。4回目の改革（1964-1976年）では，1966年からの文化大革命により，統一した教育方針，教学計画，教学大綱と教科書がすべてなくなり，各地域が編成した生活式教材しかなかった。教育はほぼ止まった状態であった。5回目の改革（1978-1980年）では再び統一した教学計画と教学大綱を公布し教育が正常に戻ったが，教育内容が過剰で難しかった。6回目の改革（1981-1985年）では，経済の発展に応じるために，重点学校の設立とそのための教学計画の作成が行われた。7回目の改革（1986-1996年）では，1986年「中華人民共和国義務教育法」の発布と実施により，9年の義務教育は，六・三制または五・四制に規定された。そして「一綱多本」と呼ばれる統一した教学大綱の下で，多様な教材開発ができるよ

うになり，現行の基礎教育カリキュラム体系が形成された（鄭東輝「新中国課程改革的歴史回顧［中国カリキュラム改革史の回顧］」『教育与職業［教育と職業］』2005 年第 13 期）。
30) 総合実践活動は 2001 年の基礎教育カリキュラム改革により新設された総合性のあるカリキュラムであり，小学校から高校までで必修する学習内容である。それは主に情報技術教育，探究的な学習，地域の服務と社会的な実践および労働技術教育などを含む。児童生徒の自らの実践を通して，情報収集・処理能力，総合的に知識を活用し問題解決する能力およびコミュニケーション能力と協力能力を育成し，社会への責任感を高め，創造的な精神と実践的な能力を育成することが目的である。
31) 教育部「义务教育课程设置实验方案［義務教育における課程設置の実験方案］」2001 年。
32) 朱慕菊編『走进新课程——与课程实施者对话［新しいカリキュラムに入る——カリキュラム実施者との対話］』北京師範大学出版社，2002 年，1 頁。

第2章

素質教育をめざす
評価改革に関する政策

第1章では1990年代中期までの教育評価の発展を見てきた。1990年代後半から，素質教育を目標とする教育改革の展開により，教育評価は新しい発展期を迎えた。本章では素質教育をめざす教育評価のあり方を明らかにする。そのために，まず第1節で評価改革に関する政策文書を検討することで，素質教育をめざす教育評価の改革がいかに展開されたのかを明らかにする。第2節ではこうした教育評価の構造を明らかにする。第3節では国家カリキュラム・スタンダードである「教学大綱」から「国家課程標準」への転換という視点から評価の変化を考察する。

第1節　重要公文書による評価改革の展開

　1999年，素質教育の全面的な実施を経て，評価改革はまず試験制度の改革から始まった。これにより，改革の重要性と素質教育に応じた評価改革の目標が明確になり，最終的には初等・中等教育における評価の全面的な改革が重要政策として打ち出されるに至った。本節では，評価改革に関する重要な公文書を検討することで，評価改革がいかに展開してきたかを明らかにする。

1　評価制度改革の重要性の向上

　1999年に公布された「教育改革の深化と素質教育の全面的推進に関する決定」（「決定」）では「進学試験と評価制度の改革を加速し，『1回の試験で生涯が決まる』状況を変える」と述べられている。こうして，大学入試については，毎年の募集と1回のみだった試験を2回に増やす実験などが進められた。大学入試制度の改革は初等・中等教育における素質教育の全面的な実施を推進するための重要な措置だと指摘された。他方で，義務教育については「9年間の義務教育が普及している地域では，近辺の中学校に無試験で進学する方法を施行する。その代わり，各地の小・中学校が独自の卒業試験を行うことを提唱する」とされた。加えて，「素質教育に応じた学校，教師，児童生徒の評価体系を構築する。各地域の人民政府は進学指標を決定してはならない。進学率を学校評価の基準にしてはいけない」と述べられている。

このように,「決定」では入学・進学試験制度が素質教育の推進において重要な役割を果たす点を強調し,大学入試,高校入試,中学校の卒業試験および進学試験の改革を要求した。さらに,進学率による学校評価を禁止することで,「応試教育」に見られた試験の結果によって児童生徒,教師と学校を評価するなどの試験至上主義を改めようとしたことがわかる。試験制度は素質教育を実現する重要な問題として認識され,評価制度全体を改革する重要な一歩としてその改革が踏み出されたのである。

しかし,「決定」は試験制度の改革,進学率による評価からの脱却を強調する一方で,何を基準に,どのように学校,教師,児童生徒を評価したらよいか,どのような教育評価制度,評価体系を構築すればよいのかという点に言及していない。特に,学校教育における児童生徒への評価について明示しなかったため,未だ指導的な意味が弱いと言えよう。

2　児童生徒の発達を促進する評価理念の形成

2001年,「国務院による初等・中等教育改革と発展についての決定」[1]が公布された。第25条の「試験・評価と募集選抜制度の改革」において,試験・評価と募集選抜制度の原則と方法が次のように明示された。まず,科学的な評価方法を探究し,児童生徒の潜在能力を発見・発達させ,積極的な発達を促進する。そして,試験の内容と方法を改革し,小学校の学習成績は点数ではなく,段階で記録する。また,中学校の一部の教科では教科書などの持ち込み可能の試験を実施するとともに,実験・操作を採り入れた考査を重視し,成績の公表と順位づけを禁止する。加えて,生徒に複数の進学試験の機会を与え,総合的な評価に基づく試験と選抜の方法を模索することで,高等教育の募集試験と選抜制度を改革する。

この政策文書において児童生徒の発達についてたびたび強調されていることから「児童生徒を基本的な出発点とし,児童生徒の発達を促進する」[2]という評価理念が込められていることがわかる。すなわち,評価方法の変革,試験方法,成績の評定方法および公開の有無などの改革によって,児童生徒の積極的な発達を促進することがめざされている。このことは,児童生徒に対する評価

のあり方を示していると理解できる。

しかしながら，ここで「試験・評価」と表現されているように，「試験優先」，「評価従属」の評価観が残存している点には注意が必要である。このことは，それまでの政策文書においては一般的な表現であり，試験＝評価という評価理念が教育評価の健全な発展を妨げてきた結果を意味する。素質教育の推進，初等・中等教育改革の深化をめざして行われた評価改革は，試験制度の改革に集中していたため，評価体系，評価制度の構築など教育評価の根本的な内容に関して国家政策文書においては論じられていなかった。

3 評価改革目標の明確化

前述のように，「決定」と「国務院による初等・中等教育改革と発展についての決定」を徹底するために，2001年に「基礎教育課程改革綱要（試行）」（「綱要」）が教育部から公布された。これにより，カリキュラム改革が推進され，初等・中等教育のカリキュラム体系，構成，内容を調整・改革し，素質教育の要求に応じる新しい初等・中等教育カリキュラムの体系を構築することが決定された。新しいカリキュラム改革を計画・指導する政策は，改革の目標，カリキュラム構成，課程標準，授業過程，教材の開発・管理，教員養成などの九つの部分から構成されている。教育評価に関しては，以下が示された（資料2-1）。

まず，第14条を見てみよう。ここでは，学校，教師，児童生徒に関する三つの評価体系を構築することが決められた。すなわち，素質教育をめざす教育評価体系は，児童生徒の発達を促進することを目標とする評価体系と，教師の職業道徳と専門性の向上を促進する評価体系，そして学校のカリキュラムの発展と教育の質の向上を促進する評価体系の三つから構成されていることがわかる。これにより，評価改革の目標が明確になった。さらに「綱要」において，児童生徒の発達を促進することを目標とする評価体系をつくるために，「評価は児童生徒の学業成績だけに注目するのではなく，児童生徒の多方面の潜在能力を発見し，発達させなければならない。児童生徒の発達上のニーズを知り，自己認識を促し，自信を持つことを援助する。評価の教育機能を生かし，児童生徒の到達すべき発達を促進する」ということが述べられた。この評価体系におい

資料 2-1　基礎教育課程改革綱要（試行）

［第7条］「国家課程標準」は教材・授業・評価の拠り所であり，国家による課程の管理・評価の基礎である。国家が各段階における児童生徒の知識と技能，過程と方法，感情・態度と価値観といった面への基本要求を示す。「国家課程標準」は各教科の性質，目標，内容構造，授業提言と評価提言を規定する。

［第14条］児童生徒の全面的な発達を促進する評価体系を構築する。教師の指導力の向上を促進する評価体系を構築する。カリキュラムの発展を促進する学校の評価体系を構築する。

［第15条］義務教育が普及している地域では，小学校で試験をせずに近辺の中学校に進学させる。各小・中学校が独自に卒業試験を行うことを推進する。試験内容は生活経験と関連の深いものとし，児童生徒の問題分析能力，問題解決能力を問うことを重視する。試験の成績を発表したり，それにより順位をつけたりしてはいけない。

出典：教育部「基础教育课程改革纲要（试行）［基礎教育課程改革綱要（試行）］」2001 年より抜粋。

ては「発達・発展の促進」がキーワードであり，新しい評価観がここに示されている。すなわち，新しいカリキュラムにおける評価体系は，児童生徒への選別・選抜的な評価の傾向と教師と学校への賞罰的な評価の傾向を否定し，発達・発展的な評価体系を形成することをめざしている。

他方，第7条は各教科の国家カリキュラム・スタンダードについて規定した。これは教科における評価がどのように行われるのかを示す非常に重要な内容であり，第3節で詳細に検討する。第15条はそれまでの試験制度と試験内容に関する政策の継続を述べたものである。このように，それまでの政策文書と比べると，評価改革に関するものは試験制度の改革以上に，教科における評価，評価改革の目標などの内容が加えられている。「綱要」の公布によって，評価改革の目標が明確となり，評価理念も評価対象の発達をめざすものへとより明確になった。

4　評価体系の形成

素質教育に対応する評価体系の構築と目標が明確になると，教育部は 2002 年 12 月に，評価改革にかかわる重要文書である「教育部による初等・中等教育評価と試験制度の改革を積極的に推進することに関する通知」[3]（以下「通知」

と略す）を公表した。ここでは，教育評価と試験改革の原則が述べられ，児童生徒に対する評価，教師評価，学校評価という三つの評価の内容が詳細に示された。さらに，それぞれが「発達・発展」を趣旨とする独立した体系であることが示された。そして，「通知」は現在の評価と試験制度が抱えている問題点を指摘し，評価の内容，方法，主体，そして重点などの側面から積極的な改革措置について述べた。このように「通知」は評価改革の方向性を示し，改革目標を明示し，詳細な改革原則と内容を示したことで，評価改革を指導する指針となった。

さらに，「通知」の公布にはもう一つの重大な意味があった。「通知」は教育評価制度，評価体系を中心とする初めて教育評価を専門的に扱った政策文書であった。したがって，評価改革が素質教育をめざす教育改革において重要な位置にあることが示され，評価改革はかつてないほどの注目を浴びることになった。

以上，四つの素質教育の推進と初等・中等教育改革に関する公文書を検討した。教育評価を軽視する「試験優先」，「評価従属」，「試験＝評価」という歪んだ評価観から，発達・発展的な教育評価体系を構築する教育的な評価観へと展開し，教育評価の内容が大きく転換しようとしていることが明らかになっただろう。このような教育評価観の転換は本質的な変化である。次節では「通知」の検討を通して，教育評価体系の具体的な内容を検討し，素質教育における教育評価のあり方を明らかにする。

第2節　素質教育における教育評価のあり方

1　素質教育における教育評価の内容と特徴

先述のように「通知」では評価改革の原則や評価のあり方などが明示され，教育評価の目的・機能，基準，方法，重点，主体という観点から教育評価の改革原則と特徴が示された。その特徴を「応試教育」における教育評価との比較から表2-1のように整理してみた。

素質教育における教育評価は選抜よりも，教育の改善や児童生徒の発達・激

表2-1 「応試教育」と素質教育における教育評価の比較

	応試教育	素質教育
目的・機能	選抜と選別を重視する。	児童生徒の成長と発達を促進する。改善，激励，発達の機能を重視する。
基準	単一で統一した基準である。	基本的な要求を明確に表すと同時に，個性を持ち，特色のある発展を促進する。
内容	科学知識に偏り，特に教科書にある知識の暗記を中心としている。創造的な精神，実践的な能力，心理的な素質などへの評価は軽視される。	児童生徒の学業成績だけでなく，多方面の能力の発達も重視する。特に創造的な精神と実践的な能力を重視する。
方法	単一である。筆記試験によって，知識の量を評価する方法が主流で，質的な評価方法は少ない。	柔軟性と多様性を持つ。試験以外の妥当性，簡易性，実効性を持つ評価方法を用いる。質的な評価方法を提唱する。
重点	結果だけに注目し，評価が本来，各時期における達成状況と努力を対象とすべきである点を軽視する。	結果だけではなく，むしろ発展と変化の過程を重視すべきである。総括的な評価と形成的評価を結合し，過程も評価する。
主体	評価の主体はあくまで教師に限られる。	評価の過程における児童生徒，教師，学校の主体性を重視する。教育行政部門，学校，教師，児童生徒および保護者が共同参加できるようにする。

励機能を重視し，多様な評価方法を用いて，学習の過程と結果を全面的に評価する。「発達性」，「多様性」と「全面性」を持つ評価がめざされていると言える。

次に，「通知」では「児童生徒の発達を促進することを目標とする評価体系は評価の内容，基準，評価方法と改善計画を含む」とされ，評価が基づく目標や評価内容と方法の明示によって，評価改革の具体的な内容が明らかとなった。以下，評価の内容と基準，評価方法および進学試験の3点から「通知」の内容をまとめてみたい。そこから，評価改革がどのように展開されようとしているのかを検討する。

(1) 評価の内容と基準

「通知」では，「評価基準は明確，簡潔な目標用語で表す」，また，評価基準が準拠する「目標は基礎発達目標と教科学習目標に分けられる」と述べられている。「基礎発達目標」は，道徳品性，公民教養，学習能力，コミュニケーション能力と協力能力，運動と健康，審美と表現を含む。「教科学習目標」は各教

科の「課程標準」に記された学習目標と各学習段階における児童生徒が到達する目標から構成される。ここで「基礎発達目標」を提起した点に着目したい。「教科学習目標」とは別に設定され，これを評価することは初めての試みである。内容は下記のように示されている。

- 道徳品性：国家，人民，労働，科学，社会主義を愛する。規律と法律を守る。誠実で信用される。公共道徳を守る。集団に関心を持つ。環境を保護する。
- 公民教養：自信，自尊，自立，自律，勤勉。自分の行為に責任を持つ。積極的に公益活動に参加する。社会に対して責任感を持つ。
- 学習能力：学習する意欲と興味を持ち，さまざまな学習方法で学力を高める。学習過程と結果を反省する習慣を持つ。異なる教科から学んだ知識，経験と技能を活用し，自ら問題を分析し解決する。初歩的な研究と創造的な能力を持つ。
- コミュニケーション能力と協力能力：他者と一緒に目標を立て，実現する。他者の観点と状況を理解し，自分の行為を評価する。総合的にさまざまな交流方法を利用し協力する。
- 運動と健康：運動を好み，運動の習慣を形成し，一定の運動技能と健康な体を持ち，健康な生活方式を形成する。
- 審美と表現：生活，自然，芸術，科学において美を感じ，楽しむ。健康的な審美観を持つ。積極的に芸術活動に参加し，多様な方法で芸術的な表現をする。

(2) 評価方法

「通知」では「教育の全過程を通し，多様で開放的な評価方法（たとえば，行為の観察法，情景試験[4]，ポートフォリオ[5]評価法など）を採用する」と提案されている。これらは，「一人ひとりの児童生徒の長所，潜在能力，弱点および発達のニーズを把握する」ために用いられる。

また「通知」には「児童生徒一人ひとりのポートフォリオ（成長記録）を作る」と明記されている。そのため，ポートフォリオには「児童生徒の学習過程と結果の資料」が含まれる。ここで資料とは「児童生徒の自己評価，最良作品

（成績記録とさまざまな作品），社会的な実践と奉仕活動の記録，体育と文芸活動の記録と教師やクラスメートからの観察や評価および保護者からの情報と試験やテストの情報など」を意味し，収集内容が詳細に説明されている。さらに，ポートフォリオについては，「児童生徒はポートフォリオの主要な記録者である。ポートフォリオは誠実な記録を原則とし，教師，クラスメート，保護者などの参加が必要であり，記録の状況を典型的，客観的かつ科学的にする」と説明し，児童生徒の自己評価と多元的な評価主体による評価を強調した。

　その一方で，「通知」において「試験は評価の主な方法である。ほかの評価方法と併せて使用し，試験の目的，性質，内容と対象によって，適切な試験方法を選ぶ」と述べられ，試験の重要性が強調された。

　従来の筆記試験のほかに，観察法，パフォーマンス評価法，ポートフォリオ評価法などの評価方法が，質的な評価方法として打ち出された。先述のように，評価方法についてはポートフォリオに関する説明が大半を占めている。したがって，ポートフォリオ評価法を重視し，推奨していることが明らかである。ポートフォリオ評価法は試験と同様に重要な評価方法と位置づけられ，すべての児童生徒の学習と評価に，ポートフォリオの利用が勧められている。このことから，「通知」において評価を量的な評価から質的な評価へ，結果の評価から過程の評価へと転換することが意図されていると理解できる。

　このように，「通知」では多様な評価方法が提案され，特にポートフォリオ評価法に関して詳細に説明されている。このことから，多元的な評価主体によって学習の過程と結果を評価することと，ポートフォリオ評価法によって児童生徒の自己評価能力，自己認識を育てることが重視されていることがわかる。

　さらに，「通知」において総括的評価を行う際に，次のように改善計画を立てることが重要であると指摘されている。「学期末，学年末に児童生徒の総括的な評価を行う。評価の結論は学業状況と教師の評語からなる」。ここで，「評語は，教師が収集した児童生徒の資料を分析し，かつ，クラスメート，保護者との交流のうえでできたものであるべきであり，表現は激励する言葉を多用し，児童生徒の進歩，潜在能力と不足を客観的に叙述する」。同時に，「発達を促すための簡明な改善計画を立て，児童生徒が自己認識し，自信を持つことができるように支援する」と述べられている。以上から，評価結果をフィードバック

することの重要性が強調されていることがわかる。その際，学業成績だけではなく，教師による激励的な評語が提唱されている。したがって，期末試験と評語による目標準拠評価から総括的評価が行われている。さらに，改善計画を立てることから，学期末の評価は総括的評価としての役割を果たす一方で，長期的な学習において，形成的な評価としての役割をも担っていると理解でき，評価は改善機能を発揮しなくてはならないという評価観を強調していると言えるだろう。

(3) 進学試験の改革

小学生は進学試験を経ずに近辺の中学校に進学する。中学校から高校への選抜では，進学試験の成績以外に，生徒のポートフォリオ（成長記録），社会的な実践と奉仕活動の記録，体育と文芸活動の記録，総合実践活動の記録などの資料が参考とされ，総合的な評価が行われる。高校の進学試験について「通知」は，高校が生徒の探究的学習とともに，社会奉仕活動と日常の状況を客観的に反映できる内容を増やし，生徒のポートフォリオ（成長記録）を提供し，進学選抜の重要な参考資料になるように，総合的な評価体系を模索することを提唱した。

このように，「通知」における評価改革の原則と評価体系のあり方，進学試験改革などの内容から評価改革の目標，内容，方法が明確となった。「通知」は初めて教育評価を専門的に扱った政策文書として，しかも，評価改革について具体的かつ詳細に述べたものとして，素質教育の評価改革の時代を拓く契機となった。次は素質教育における教育評価体系と特徴を分析し，教育評価の新しい構造とその意義を明らかにする。

2 素質教育における教育評価体系の構造

前述のように，「通知」において「評価基準が準拠する目標は基礎発達目標と教科学習目標に分けられる」と規定された。基礎発達目標は，基礎的・横断的な能力と素質の育成をめざし，道徳品性，公民教養，学習能力，コミュニケーション能力と協力能力，運動と健康，審美と表現から構成される。他方，教科

```
                  児童生徒の発達を促進する目標評価
                              │
          ┌───────────────────┴───────────────────┐
    基礎発達目標に基づく評価                  教科学習目標に基づく評価
          │                                       │
      総合的素質評価                        課程標準に基づく評価
          │                                       │
  ┌───┬───┬───┬───┬───┬───┐             ┌───────┬───────┬───────┐
 道  公  学  コ  運  審                  知      過      感
 徳  民  習  ミ  動  美                  識      程      情
 品  教  能  ュ  と  と                  と      と      ・
 性  養  力  ニ  健  表                  技      方      態
              ケ  康  現                  能      法      度
              ー                                          と
              シ                                          価
              ョ                                          値
              ン                                          観
              能
              力
              と
              協
              力
              能
              力
```

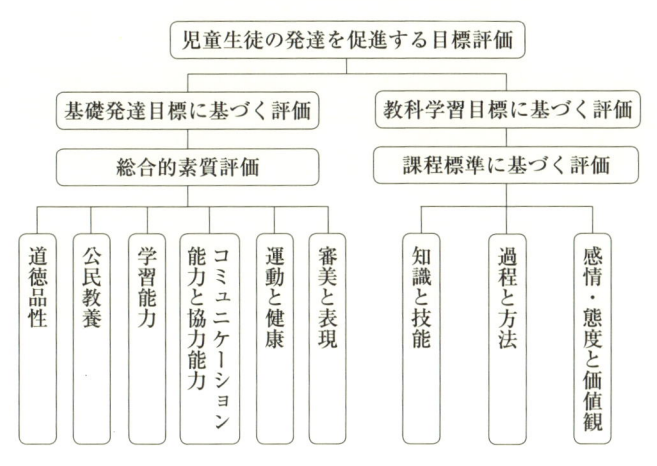

図 2-1　素質教育における児童生徒評価体系の構造

学習目標は知識と技能，過程と方法，感情・態度と価値観から構成される。教科学習目標は各教科の「課程標準」に記された規定により，新しい評価体系の構造が明らかにされた（図2-1）。

新しい評価体系では，児童生徒の評価は大きく「基礎発達目標に基づく評価」と「教科学習目標に基づく評価」の二つの部分からなる。それぞれに異なる目標に照らして評価が行われる。「基礎発達目標に基づく評価」は後に「総合的素質評価」と称された。「総合的素質評価」とは文字どおり，児童生徒の総合的な素質を評価することを意味する。これに対して，「教科学習目標に基づく評価」は各教科における評価のことを意味し，各教科の「課程標準」に準拠する。「総合的素質評価」と教科学習の評価から児童生徒を全面的に評価し，素質教育を実現する評価の新しい構造ができた。この新しい構造は次の2点の特徴を持つとまとめることができる。

(1) 素質教育における教育評価の目玉──基礎発達目標に準拠した「総合的素質評価」の登場

素質教育は児童生徒の「基本素質」の全面的な向上を目的とする。ここで「基本素質」とはどのようなものなのか，「徳・知・体」で十分に統括できるのか，既存の教科教育で満たしうるのか，などの問題が考えられる。素質教育が提唱

された当時においてもこれらの点について十分に吟味されていなかった。

　こうした「基本素質」の全面的な向上がめざされた背景には,「綱要」において,教育は「児童生徒の学業成績へ注目するだけではなく，児童生徒の多方面の潜在能力を発見し，発達させることが重要であり，児童生徒が成長するために必要なことを把握し，彼らの自己認識を育て，自信を持たせる」という記述があった。そして,「綱要」のこの要求に応じて,「通知」はこれまでの各教科学習目標に加え，前述の基礎発達目標を設定するようになった。この目標設定は素質教育の新しい展開であり，基礎発達目標に基づく「総合的素質評価」は素質教育における教育評価の目玉となった。

　教科学習目標はカリキュラムとして明確に設定されうる一方で，従来の教育のなかで基礎発達目標という表現に対応する概念を見つけることは容易ではない。基礎発達目標の内容を見ると,「徳・知・体・美・労」の教育以外に,「公民教養」,「コミュニケーション能力と協力能力」が加えられており，基礎的かつ横断的なものとして説明されている。したがって，基礎発達目標は特定の教科で教えるのではなく，学校教育の全体にわたって指導し，総合的な素質として児童生徒に身につけさせることを意味している。たとえば,「学習能力」には「学習の意欲と関心」,「自己反省の習慣」,「問題解決能力」,「研究，創造的な能力」という内容が強調されている。「公民教養」では,「自分の行為に責任を持つ」,「奉仕活動に積極的に参加」などが強調されている。「コミュニケーション能力と協力能力」では,「他人の考えと立場を理解する」,「自分の行為を評価し，コントロールできる」,「さまざまなコミュニケーションの方法で共同作業する」などの内容が含まれている。実践的な能力，創造的な能力，社会への積極的な参加，他人とのコミュニケーションや協力はこれからの社会で生きていく重要な基礎的能力である。そして，自分の行為を反省でき，コントロールできる自己評価能力が特に重要であることを共通に示している。

　このように，教科学習目標とは別に，基礎発達目標を設定して，これを評価することは評価史上初めての試みであり，素質教育の趣旨が端的に表われている。

(2) 教科学習評価の新展開——三次元の教科教育目標に準拠した評価

教科学習目標に基づく評価は三次元の目標に準拠するようになった。三次元とはすなわち，旧来の「知識と技能」に加え，「過程と方法」，「感情・態度と価値観」という三つの次元から目標が設定されるようになったことを意味する。これは授業，教材，評価の拠り所であるカリキュラム・スタンダードが2001年に改訂されたことを受けた改革であり，知識注入型の授業から，学習方法の習得と積極的な学習態度・価値観の形成をめざす授業への転換が求められた。こうした目標の転換に伴い，評価も先の三つの次元から行われるようになったのである。加えて，教育の全過程を通じて全面的に児童生徒を評価すべく，行為の観察法，パフォーマンス評価法，ポートフォリオ評価法など多様な評価方法が使われるようになった。次節は「課程標準」の検討を通じて教科教育における評価のあり方を明らかにする。

第3節 「教学大綱」から「課程標準」への転換に見る評価改革

1 「教学大綱」から「課程標準」への転換

「綱要」に示されたように，「『課程標準』は教材・授業・評価の拠り所であり，国家による課程の管理・評価の基礎である。国家が各段階における児童生徒の知識と技能，過程と方法，感情・態度と価値観といった面への基本要求を示す」（資料2-1）。ここで注目すべきは，1952年から約50年間にわたり「教学大綱」に求められていた教材・授業・評価の拠り所が，「課程標準」へと移行したことである。この「教学大綱」から「課程標準」への転換は，初等・中等教育改革の最も影響力ある施策であり，評価改革をより一層促進するものであった。

ナショナル・カリキュラムが定められている中国の教育において，カリキュラム・スタンダードとして機能していた「教学大綱」が「課程標準」へと転換した背景には，長年にわたる調査や研究があった。この転換に向けて，まずは教育状況についての調査が行われた。1996年7月から1997年末にかけて，教育部が全国の九つの省・市の16000名の小学生，2000名の校長や教師，関係

者に対して調査を行った。この調査を通じて中国の教育の現状と課題を明らかにしたうえで，1998年からは各国のカリキュラム改革に関する政策と動向について研究が行われた。とりわけ，アメリカ，イギリス，オーストラリア，カナダ，韓国，ドイツ，日本，フランス，ロシアの教育行政機関や研究機関，評価機関，小・中学校，幼稚園での実地調査に基づいて，これらの国における1980年以降の教育改革についての研究に焦点が当てられた。最終的には「課程標準」を作成する専門家グループが組織され，編成作業が開始された。すなわち，1999年に師範大学，省教育研究室，教育科学院からの教育学，心理学の専門家および小・中学校校長からなる「初等・中等教育カリキュラム改革専門家グループ」が組織された。このグループが，義務教育の「課程標準」と教材の編成を行った。その後，編成された草案について，科学者，文学者，歴史学者，特級教師[6]によって修正が加えられた。

　このように5年間にわたって，国内の教育状況調査や海外における教育との比較研究を土台としたうえで，専門家チームによる草案の作成，そして各領域の学者と教師による修正を経て，「課程標準」が作成された[7]。この新しい「課程標準」は海外のすぐれた知見に学んだ成果と国内の研究や学校教育現場からの希望とを融合したカリキュラム・スタンダードになったと言えよう。このように入念な準備のもとで進められた「教学大綱」から「課程標準」への転換は，表2-2のように整理できる。両者の違いは一目瞭然であるが，本節ではそのなかでも，根本的な変化である課程目標の変化に着目する。

　「教学大綱」においては，教育活動で教えるべき知識と技能の内容にかかわる記述が大半を占めていた。ここでは「目標」という表現は使われず，「要求」という言葉が使われていた。これらの「要求」は，主に知識と技能の学習領域に沿って挙げられていた。そのなかには過程と方法，感情・態度と価値観に関する表現もあった。たとえば，「算数教学大綱」の第1学年の部分に，「操作活動を通して，児童生徒に算数と日常生活の緊密関係を体験させる」[8]という記述があった。しかしながら，この表現は具体性を欠き，教師が授業実践を行ううえで，指針となったとは言い難い。

　一方「課程標準」は「目標」という表現が随所で見られ，体系的に分類され，使い分けられている。たとえば，従来も用いられていた「知識と技能」に対し

表 2-2 「教学大綱」と「課程標準」の構成の比較

	教学大綱	課程標準
前文	（概括的）	課程の本質 課程の基本概念 設計構想
課程目標	（知識と技能）	知識と技能 過程と方法 感情・態度と価値観
内容標準	教育内容	学習の領域，目標および学習行為の基準
実施提言	授業提言 授業時間数について 注意すべき問題点 テストと評価	授業提言 評価提言 教科書の編纂 リソースの開発と利用

出典：唐磊「中国における教育課程政策の動向」『これからの学校教育と教員養成カリキュラム——魅力ある授業の創造と教師の資質・能力——東京学芸大学教員養成カリキュラム開発研究センター主催第4回シンポジウム記録集』2004 年，52-72 頁を参考に筆者が作成。

てだけでなく，「過程と方法」，「感情・態度と価値観」に関する目標も明記されている。すなわち，児童生徒の認知の発達だけではなく，学習の過程と方法，感情・態度と価値観などの発達にも目標を設定するようになった。

　また，達成方法に応じて目標は「結果的目標」と「体験的目標」に分けて設定されている。「結果的目標」は主に「知識と技能」の部分にあり，「体験的目標」は「過程と方法」，「感情・態度と価値観」の部分にある。「体験的目標」の設定により，児童生徒に自らの実践，独立思考，協力探究などの活動への参加を促し，情報の収集・処理能力，知識の獲得能力，問題の分析と解決能力を発達させ，よりよい感情・態度と価値観を育成することがめざされている（なお，この二つの目標の説明は後述する）。

　さらに，各教科において，目標が総体目標と学習段階目標に分けて述べられている。たとえば，『数学課程標準（実験稿）』では，「総体目標」→「学習段階目標」→「内容標準」というように目標が明確かつ具体的に設定されている（図2-2）。まず「総体目標」は，知識と技能，数学的思考，問題解決，感情と態度という四つの部分に分けて述べられている。そして「学習段階目標」は，総体目標をさらに三つの学習段階に分けたもので，学習段階ごとに詳しく述べられ

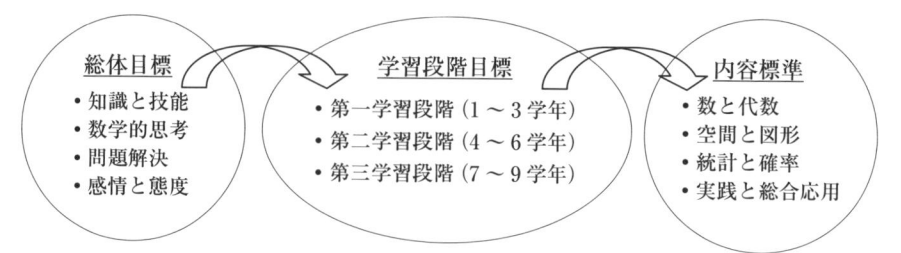

```
    総体目標            学習段階目標           内容標準
・知識と技能       ・第一学習段階（1～3学年）   ・数と代数
・数学的思考       ・第二学習段階（4～6学年）   ・空間と図形
・問題解決        ・第三学習段階（7～9学年）   ・統計と確率
・感情と態度                         ・実践と総合応用
```

図2-2 「数学課程標準」における目標設定

ている。

さらに「内容標準」では，各学習段階における具体的な目標が示され，それぞれ数と代数，空間と図形，統計と確率，実践と総合応用の4領域に分けて述べられている。

前述のように，これらの目標は結果的目標と体験的目標の2種からなる。結果的目標が設定される知識と技能に関しては，「わかる（知る），理解，習得，活用」など学習の結果を意味する表現が使用されている。他方で，体験的目標が設定される過程と方法，感情と態度に関しては，「経歴（経験），体験，探究」など数学活動の水準を述べる表現が使用されている。

「数学課程標準」では，児童生徒の数学的思考，問題解決および感情と態度といった面についての目標をより詳細に表している。そして目標の表現は，すべてその学習結果としての児童生徒の様子となる。また児童生徒がどのような学習活動を通してその結果を得るのかというように，過程と方法に関する表現も多く見られる。

このように，「課程標準」の系統的な目標設定は「教学大綱」の知識と技能における抽象的な「要求」設定と大きく異なる。目標設定の違いをまとめると次の4点になる。第一に，教師が教育する内容から児童生徒が学習する結果として目標が設定されている点である。第二に，授業や試験の目標がその内容範囲を超えない最高基準からすべての児童生徒が到達すべき最低基準へと変わった点である。第三に，目標の表し方は曖昧な表現からできるだけ理解可能，測定可能な表現へと変わった点である。第四に，単なる結果的目標から結果的目標と体験的目標の結合へと変わった点である。

このように「教学大綱」から「課程標準」への転換によって，目標設定の仕方は大きく変化した。これらの変化は，評価に大きな影響を与えている。評価はこれらの目標を規準とするため，知識と技能の把握だけではなく，学習過程や学習方法，感情・態度と価値観などの面も対象となった。つまり，学習の最終段階で試験を行うのではなく，学習結果を表す目標に照らし，最初から途中，そして最後まで，評価の意識を持ちながら教育活動を行うことが必要となる。そして，結果的目標と体験的目標の分類によって，測定可能な目標と簡単に測定できない目標とが明確に分けられた。こうして「課程標準」への転換に伴って，評価内容，評価方法などの変革が同時に求められたのである。

2　「数学課程標準」に見る評価の変化

　ここで，『数学課程標準（実験稿）』における目標と評価の内容を例にして，具体的に評価がどのように変化したのかを検討したい[9]。『数学課程標準（実験稿）』では，前述のように9年間の数学課程を1～3学年，4～6学年，7～9学年と三つの学習段階に分けて，それぞれの目標と評価提言を規定している。表2-3は第一学習段階（1～3学年）の学習段階目標である[10]。
　表2-3からわかるように，課程目標は「知識と技能」以外に，「数学的思考」，「問題解決」，「感情と態度」も設定されている。そして「体験的目標」として，数学的な思考習慣，問題解決能力，表現する能力，協力する能力，数学の学習への関心と態度などの目標が明確に打ち出された。このような目標に準拠した評価においては，「知識と技能」だけではなく，「数学的思考」，「問題解決」，「感情と態度」も重要な内容となる。そして，従来の「知識と技能」の把握を判断するのに適した方法以外に多様な評価方法が必要となる。たとえば，『数学課程標準（実験稿）』の第一学習段階（1～3学年）における課程実施提言では，評価提言として表2-4の5点が示されている。
　これを「教学大綱」における評価に関する内容と比較することによって，それぞれの部分の変化と特徴を明らかにする。「教学大綱」における評価に関するものは次のように抜粋することができる。
　ア：教学の評価はこの「教学大綱」に規定している教学の目的と目標に準拠

表2-3 『数学課程標準（実験稿）』の学習段階目標・第一学習段階（1～3学年）

知識と技能	・万以下の数や小数，簡単な分数を知る。加減乗除の意味を理解し，必要な計算技能を把握する。 ・簡単な図形について理解し，移動・回転・対称といった現象を直観的に理解し，物体の位置を初歩的に述べることができ，測量・作図などの技能を獲得する。 ・数字の収集，整理，叙述と分析過程を体験し，簡単な数字処理技能を習得する。確率において不確定な現象を初歩的に感じる。
数学的思考	・生活経験を用い，数値情報を解釈できる。また具体的な数値で生活現象を叙述する。 ・簡単な物体と図形の形状，位置関係，運動の探究の過程において空間の概念を形成する。 ・教師の指導の下で，簡単な情報の選択・帰納・類比を習得する。 ・問題解決する過程で簡単な手順を追った思考を行う。
問題解決	・教師の指導の下に，日常生活から数学問題を発見し提出する。 ・同じ問題でも異なる方法で解決できる場合があるということを理解する。 ・友達と協力して問題を解決することを経験する。 ・問題解決するための初歩的なおよその過程と結果を表現することを習得する。
感情と態度	・他人の奨励と援助により身の回りの算数に関する物事に好奇心を持ち，積極的に算数活動に参加する。 ・他人の奨励と援助により算数活動における多少の困難を克服でき，達成感を持ち，より算数を学習することに自信を持つ。 ・数字と図形を用いて現象を叙述できることを理解し，算数と日常生活の密接な関連を感じる。 ・観察，操作，帰納などの算数の学習過程により数学思考過程の合理性を感じる。 ・他人の指導により算数活動における誤りを発見し，修正する。

出典：『数学課程標準（実験稿）［数学課程標準（実験稿）］』北京師範大学出版社，2003年，8-10頁。

する。

イ：評価の目的は学習成績を考査するだけではなく，学習のプロセスと児童生徒の能力を把握し，学習の意欲を引き起こし，指導改善を促進する。算数学習の個人差を認め，適切な評価方法によって，児童生徒の進歩を発見し，激励する。学習のプロセスと結果の考査によって，算数学習の自信と関心を高める。

ウ：筆記試験以外に，口答試験，実際の操作，授業中の質問，議論，談話，宿題などの多様な方法で評価する。

エ：評価結果は学習状況の反映でありながら，指導改善の重要な根拠である。

表2-4は第一学習段階における評価提言で，第二学習段階と第三学習段階も同様の評価提言が述べられている。これに対して，「教学大綱」における評価に関するものは上記の内容だけである。したがって，「課程標準」は「教学大綱」より評価に関する内容が明らかに多く，その説明もより詳細である。それぞれ

表 2-4 『数学課程標準（実験稿）』の評価提言・第一学習段階（1～3 学年）

①算数学習過程への評価を重視する。
- 子どもは積極的に算数学習活動に参加しているか。
- 友達とコミュニケーションし，協力しているか。
- 算数学習に関心があるか。
- 子どもの数学的思考過程の把握も重視すべきである。

②子どもの基本的知識，基本的技能の理解と習得を妥当に評価する。
- 学習段階の目標は，学習修了のときに到達する目標である。したがって，一部の子どもには努力する期間を与え，最終的に目標に達すればよい。
- この学習段階における子どもは，実物を通して学習することが多いため，具体的な材料を通して，学習内容の理解を評価する。

③子どもの問題発見と問題解決能力の評価を重視する。
- 日常生活から簡単な数学的問題を問うことができるか。
- 適切な問題解決方法を選ぶことができるか。
- 問題を解決するのに友達と協力しようとしているか。
- 問題解決する過程と結果を表現できるか。

④評価方法を多様化する。
- この段階の子どもは初めて学校に入り，そこで身につける算数に関する感覚が今後の算数・数学学習への興味や算数・数学学習の習得結果に大きな影響を与える。そのため教師の評価は，何がわかったか，何が習得できたかのように積極面からなされる。
- 評価の主体は教師，クラスメートと保護者からなる。
- 評価の形式は授業観察，授業後の談話，宿題の分析，実践活動などを合理的に用いる。

⑤評価結果は質的な叙述で表す。この段階の子どもの特徴にかんがみ，子どもの算数学習の状況を評価する際には激励の言葉で叙述する。

出典：『数学課程標準（実験稿）［数学課程標準（実験稿）］』北京師範大学出版社，2003 年，55-58 頁を参考に筆者が作成。

の具体的な内容を比較すると，「教学大綱」から「課程標準」への転換が評価へ及ぼした影響については次の 4 点にまとめることができる。

　第一に，「教学大綱」からの転換において学習過程についての評価は，評価改革の重要な施策である。「課程標準」においては，表 2-4 で「算数学習過程への評価を重視する」と述べられているように，知識と技能についての評価よりも学習過程が優先的に説明され，強調されている。「友達とコミュニケーションし，協力しているか」という方法や「積極的に参加しているか」，「算数学習に関心があるか」という学習への関心と意欲を含む，学習過程が評価内容とし

て重要視されている。

　第二に,「教学大綱」においては基礎的知識と技能の評価が最も重視されていた。他方,「課程標準」においては,これらは確かな習得という学習結果を保障することを強調している。「課程標準」は,「学習段階の目標は,学習修了のときに到達する目標である。したがって,到達できなかった一部の児童生徒には努力する期間を与え,最後に目標に達すればよい」,「教師は『延ばす判断』をする。試験の結果がよくない生徒に2回目の試験チャンスを与え,2回目の成績を記録する」と提言している。ここから,「課程標準」においては目標の達成が目的とされ,それはいつ,何回目の試験で達成できたかは問われないことがわかる。そうすることで,集団での競争を促す相対評価から,目標に準拠する目標準拠評価への転換をめざしていることがわかる。学力保障につながる評価がめざされていると言えよう。

　第三に,多様な評価方法を使用することは,「教学大綱」と「課程標準」のいずれにおいても共通していた。しかしながら,「課程標準」はポートフォリオ評価法を提起している点,そして,評価主体を多元化する点に相違点がある。従来からの評価主体であった教師以外に,児童生徒自身,クラスメート,保護者の参加が提唱されている。

　第四に,「課程標準」において,評価結果は評語を中心に,成績と評語の二つの形式で表すことが必要と指摘されている。とりわけ「激励の言葉」で評価することが強調されている。なぜなら,表2-4の評価提言の④に示したように,それ以降の学年での算数・数学の学習に向けて,この段階の児童生徒の算数・数学の学習への興味と意欲を育成することが特に重要であるため,「何がわかったか,何が習得できたかのように積極面から」評価すべきだからである。このように,児童生徒の立場を考慮し,激励の言葉による評語と成績の記録が児童生徒の様子をより積極的に,詳細に,連続的に見とろうとしていることが読みとれる。

　このように,評価提言を「課程標準」の一部分として明記することは評価活動の重要な参考になった。学習の結果だけではなく,学習の過程にも注目することで,学習状況をよりよく把握することができる。また,過程の評価は教師の指導改善と児童生徒の学習改善にもつながる。評価方法の多様化と評価主体

の多元化はより妥当で，客観的に評価することをめざしている。さらに，児童生徒の評価において，「延ばす判断」や評語の使用などからは，相対評価が抱えた問題点の克服をめざし，目標準拠評価による学力保障，個人内評価によって自信をつけさせるという新しい評価観が読みとれる。

　ただし，「教学大綱」から「課程標準」への転換において「評価提言」に関する説明にはまだ不十分な点がある。少なくとも次の2点の問題を明らかにすることが必要と考える。第一に，「知識と技能」，「過程と方法」，「感情・態度と価値観」の目標設定に応じて，なぜそのような評価を行うのかという点が明確ではない。特に「過程と方法」，「感情・態度と価値観」の目標に対応する評価方法は，「課程標準」の「評価提言」に具体的に示されていない。したがって，目標と評価の乖離が生じやすい。確かに「課程標準」は「教学大綱」に比べ，目標設定は系統的で，説明も明確である。しかし，それはそのまま評価基準にはならない。そのため，「『何がわかる』，『何ができる』の目標以外に，どの程度わかる・できるも示すべきである。すなわち『内容の基準』と『パフォーマンスの基準』が必要である」と批判されている[11]。この批判に見られるように，「パフォーマンスの基準」が明示されなければ，「課程標準」における評価の基準は，結局のところ教師個々人の「課程標準」に対する理解度によるものとなってしまう。「課程標準」は「学習成果に対する評価基準を欠いた課程内容の枠組みにすぎない」[12]という指摘もあるように，評価基準を欠いた「課程標準」は実践において，単に評価の原則を示しているにすぎないと言えよう。

　第二に，選別・選抜および相対評価そのものが批判されるなかで，「延ばす判断」や激励的な「評語」が強調された。その際，評価によって，「何ができない」というより「何ができる」を明らかにすること，それによって児童生徒が自信を高めていくように促すことが重要視された。そこで着目されたのが「個人内評価」である。「課程標準」に児童生徒の「自信」や「進歩」などの言葉は確かに多く見られる。しかし，個人内評価を強調し，恒常的な進歩を期待することは学習目標がどの程度達成できたかに目を向けなくなる傾向が生じやすい。それを十分に検討し，目標準拠評価と組み合わせることが重要である。「自信」をつけるということは，「進歩」しているという満足感のほか，「勉強してわかった・できた」という達成感はもちろん，現実には「他人よりよくできた」とい

う「優越感」によっても実現可能である。したがって，個人内評価，目標準拠評価，相対評価をどのように組み合わせることで評価の効果を最大限に発揮することができるのか，再検討する必要がある。

まとめ

　以上のように，第2章においては次のことを明らかにした。素質教育の全面的な実施によって，評価改革はまず試験制度の改革から始まった。素質教育の推進と初等・中等教育改革に関する四つの重要公文書における評価改革に関する内容の検討によって，教育評価を軽視する「試験優先」，「評価従属」，「試験＝評価」の歪んだ評価観から発達・発展的な教育評価体系を構築する教育的な評価観へと，教育評価の内容が大きく変わったことが明らかとなった。とりわけ，初めて教育評価改革を規定した政策文書である「通知」は，評価改革の原則と評価改革の目標，内容，方法を明確に示し，実質的に素質教育の評価改革の時代を拓いたと言えよう。

　「通知」の検討によって，素質教育における児童生徒評価体系は，基礎発達目標に基づく「総合的素質評価」と教科学習目標に基づく各教科における評価からなる新しい構造であることが明らかとなった。新しく提出された「総合的素質評価」は評価改革の目玉として登場し，実践的な能力，創造的な能力，社会への積極的な参加，他人とのコミュニケーションや協力，自己評価能力など社会で生きていくうえでの重要な能力についての評価を強調した。このように，「総合的素質評価」の登場によって，素質教育における評価は児童生徒の学業成績だけではなく，総合的な発達を判断する評価も求められるようになり，従来の教科中心とする評価に加え，「総合的素質評価」との両立がめざされていることがわかった。そして，各教科における評価も「教学大綱」から「課程標準」への転換によって，新展開を迎えた。従来の知識と技能を中心とする評価から，「知識と技能」，「過程と方法」，「感情・態度と価値観」という三次元の教科教育目標に準拠することに変わった。そして，筆記試験のほか，行為の観察法，パフォーマンス評価法，ポートフォリオ評価法などの評価方法の多様化と，教師のほかに児童生徒自身，クラスメート，保護者を含む評価主体の多元

化によって，より全面的かつ客観的に児童生徒を評価することがめざされていることが明らかとなった。

---

1) 国務院「国务院关于基础教育改革与发展的决定［国務院による初等・中等教育改革と発展についての決定］」2001 年。
2) この言葉の中国語の原語は「以学生為本，促進学生発展」，後に教育の基本的な理念とスローガンとなった。
3) 教育部「教育部关于积极推进中小学评价与考试制度改革的通知［教育部による初等・中等教育評価と試験制度の改革を積極的に推進することに関する通知］」2002 年。
4) 評価内容とかかわる実際の場面（模擬場面）を提供し評価する。これは真正的評価，パフォーマンス評価法の提起と考えられる。パフォーマンス評価法は「表現評価（表現评价）」，「表現評定（表現评定）」などと呼ばれる（丁朝蓬『新课程评价的理念与方法［新課程評価の理念と方法］』人民教育出版社，2003 年，72 頁）。
5) ポートフォリオは「成长记录袋（成長記録袋）」，「档案袋（檔案袋）」などと訳されている。政策文書における記述は「成長記録」を多用し，学習方法と評価方法として提唱している。理論研究において「档案袋（檔案袋）」という表現がよく使われ，評価方法として挙げられたりする。
6) 特級教師は初等・中等教育における特別に優秀な教師を表彰するために設けられた栄誉的・先進的・専門的な称号である。特級教師は教育部の「特級教師評選規定（特級教師評定規定）」（1993 年）に基づき，各学校から推薦され，また市レベルで考査・推薦され，省レベルで最後に決まる。特級教師の人数は一般的に各省の初等・中等教育の教師合計数の 0.15％に抑える（陶西平編『教育评价辞典［教育評価辞典］』北京師範大学出版社，1998 年，411 頁）。
7) 崔允漷「新课程'新'在哪里——解读《基础教育课程改革纲要（试行）》［新カリキュラムの『新』とは——『基礎教育カリキュラム要綱（試行）』を解読する］」『教育发展研究［教育発展研究］』2001 年第 9 期を参考。
8) 教育部『数学教学大纲（试用修订版）［算数教学大綱（試用修訂版）］』人民教育出版社，2000 年，27 頁。
9) 中華人民共和国教育部制定『数学课程标准（实验稿）［数学課程標準（実験稿）］』北京師範大学出版社，2003 年。
10) 同上書，8-10 頁。
11) 崔允漷・王少非・夏雪梅編『基于标准的学生学业成就评价［基準準拠による学生の学業成績評価］』華東師範大学出版社，2008 年，119 頁。

12) 胡軍「学生学习成果评价标准不能在课程标准中缺失——澳大利亚科学课程内容标准给我们的启示［学生の学習成果評価基準は課程標準に欠かせない——オーストラリアの科学課程内容と基準から得られたわれわれへの示唆］」『課程・教材・教法』2005 年第 9 期, 17 頁。

第3章

評価理論研究の到達点

第2章の検討を通して，素質教育をめざす教育評価は評価の目標，内容，方法，重点，主体の側面において，従来の評価から大きく変化したことが明らかになった。こうした政府の取り組みは評価論研究に大きな影響を与えた。本章では教育評価研究者の所論を検討し，評価論研究の到達点を明らかにする。そのために，まず第1節で評価改革が提唱する新しい教育評価について，研究者がどのように受けとめているのかを明らかにする。そのうえで，第2節では評価モデル，第3節では評価目標，第4節では評価方法について，どのような研究が最も注目されているかを検討する。これによって，現代中国における教育評価論研究の全体像を明らかにしたい。

第1節　素質教育をめざす教育評価に対する多様な解釈

　第2章で検討したように，「基礎教育課程改革綱要（試行）」（「綱要」）と「教育部による初等・中等教育評価と試験制度の改革を積極的に推進することに関する通知」（「通知」）において，素質教育をめざす教育評価体系は，第一に，児童生徒の発達を促進する評価体系，第二に，教師の職業道徳と専門レベルの向上を促進する評価体系，第三に，学校の発展を促進する評価体系，から構成されることを示した。素質教育において，評価対象である児童生徒，教師と学校の発達・発展が評価の目的であることが強調された。こうして素質教育と新しいカリキュラム改革および評価改革がめざしている評価は「発達的評価」[1]と称され，児童生徒の評価体系は児童生徒の「発達的評価」に基づく体系となった。しかしながら，明確な定義がされていないため，「発達的評価」に対する研究者の解釈は一致していない。ここでは，さまざまな解釈を検討することで，研究者がどのように改革の取り組みを受けとめているのか，そして，その背景にある評価論研究における重点とは何かを明らかにしたい。

1　「発達的評価」の提起とその解読

　「発達的評価」という用語が初めて登場したのは，王斌華の『発達的教師評価制度』[2]という著書であった。同書では，教師評価において教師の仕事を管理・

認定するための評価以外に教師の指導力を発展させるための評価も必要であると指摘されている。前者は教師に対し賞罰的評価として機能し，教師の作業の業績によって，昇進や給料の増加などを判断する。他方，後者は教師の専門性向上のための評価であり，「発達的教師評価」とされた。したがって，同書において「発達的評価」とは賞罰的評価と対立的に提起された概念であった。

後に，「発達的評価」は広く使われるようになった。そのきっかけは，前述のように「綱要」が「児童生徒の全面的な発達を促進する評価体系を構築する。教師の指導力の向上を促進する評価体系を構築する。カリキュラムの発展を促進する評価体系を構築する」という評価改革の目標を明示したことにある。「発達的評価」は，このように評価対象の発達を促進する評価を意味するようになった。こうした評価観の展開のもとで，「発達的教育評価」は素質教育をめざすカリキュラム改革における教育評価の代名詞となった。

「発達的評価」について初めて系統的に論じたのは董奇と趙徳成の「発達的教育評価の理論と実践」[3]であった。「発達的教育評価」は新しいカリキュラム改革の実践に基づいて，選抜的評価と認定的評価とを区別するとともに，診断として，激励として，発達の促進としての評価の機能を重視するものであると指摘した。その評価内容においては学業成績のほか，児童生徒の多方面の素質や潜在能力の発達も注目される。そして多様な評価方法で学習の過程と結果に対して有機的に形成的評価と総括的評価を行う。ここにおいては，児童生徒の役割や主体性の重視が強調されている。

さらに，董たちは「発達的評価」の思想は国際的な教育評価論研究の潮流と一致していると主張した。その淵源にはタイラーの教育評価理論が位置し，教育の結果と教育目標の比較に基づいて，教育の改善と児童生徒の発達がめざされた。その後の形成的評価の提唱，パフォーマンス評価法などを代表とする教育評価論の新たな展開においては，評価の機能としては証明より改善，選別より診断，激励，発達に重きが置かれている。

同時期に，「発達的評価の実践と思考」，「教師の発達的評価と賞罰的評価の関係」，「教育評価のテーマ：人間の発達を促進する」，「発達的児童生徒評価を論ずる」，「発達的教育評価の探究」，「教育評価の価値志向：生存論視点に基づく思考」，「発達的評価の価値志向と価値観を論ずる」などの研究が見られる[4]。

これらの研究はとりわけ,「発達的評価」とは何か,その定義,特徴とその背景にある評価原理について論じるものである。よって,これらの研究の論点を整理することで,「発達的評価」の特徴を浮き彫りにすることができるだろう。その結果,研究者によるさまざまな解釈も明らかになると考える。

まず,「発達的評価」について共通に理解されている点は以下の7点である。

- 児童生徒の発達が評価の主旨である。
- 学習の結果だけではなく,過程における形成的評価と過程そのものを対象とした評価も行う。
- 児童生徒の主体性を尊重する。評価基準の設定,評価内容の選択,評価結果の解釈までの一連の評価過程への参加を促し,自己認識を形成させる。
- 児童生徒を評価の主体とし,教師は児童生徒と互いに理解し,協議し,評価活動を行う。
- 児童生徒の全面的な発達を重視すると同時に児童生徒の個人差に十分に配慮し,個性に応じた発達目標と評価基準を設定する。
- パフォーマンス評価法,ポートフォリオ評価法などの多様な評価方法で評価する。
- 評価の主体を多元化し,自己評価,相互評価,他者評価を行う。

このように,「発達的評価」は児童生徒の全面的な発達を促進することを根本的な目的とする評価観と評価体系を持つことが共通に認識されている。そして,その特徴として「発達的評価」は学習過程,児童生徒の主体性,個人差を重視し,多様な評価方法と多元的な評価主体を提唱することが挙げられている。これらの論述は「通知」において示された内容とほぼ一致している(表2-1)。

ここで,特に強調されている点は児童生徒の主体性に関する意見である。児童生徒は評価主体としての評価活動への参加だけでなく,評価基準の設定,評価内容の選択,評価結果の解釈にまで参加することが重要だと認識されている。そして,児童生徒が自己認識を形成することが何よりも重視されている。

研究者による「発達的評価」への理解は,政策文書で示した教育評価のあり方を踏まえたうえで,児童生徒の主体性を重視し,評価活動における児童生徒の役割を最大化することを通して,児童生徒の自己認識の育成,内的な発達を

促進することを強調していると理解できる。

以上のように、研究者による「発達的評価」への解釈については確かに共通点があった。しかしながら、次の三つの問いに集約される解釈の違いが見られる。

(1)「発達的評価」の対立概念は何か

この問いに対し、賞罰的評価を対立概念とする立場がある[5]。このように考えるとき、賞罰的評価が評価対象の過去を評価する過去指向の評価であるのに対し、「発達的評価」は評価対象の未来に向けて評価を行う未来指向の評価であり、評価の目的が異なることになる。他方で、賞罰的評価も評価対象の発達を目的として賞罰するのであり、この二つの評価観は対立しないと考える立場もある[6]。この立場では、「発達的評価」の対立概念は選抜的評価になる。さらには、「発達的評価」の目的は発達と改善であるため、「発達的評価」は形成的評価の発展であると主張する立場もある。この立場に対し、目的が同じでも形成的評価は教授や学習の途中で行う評価であるため、二つの評価が強調する点が異なるとして反対する意見もある。

こうした議論は、「発達的評価」をどのカテゴリーに位置づけるのかという点で行われていると考えられる。評価は機能に応じて診断的評価、形成的評価、総括的評価に区分される。また評価は参照する基準に応じて、相対評価、目標準拠評価と個人内評価に分けられる。さらに評価は評価主体に応じて、自己評価や他者評価に分けられる。こうしたカテゴリーのなかで、「発達的評価」はどこに位置づく概念なのか、という点を明確にすることが重要である。

以上の議論からもわかるように、「発達的評価」は児童生徒の「発達」の促進を目的とする概念である。したがって、それは評価の機能によって述べられるべき概念である。このように考えると、今度は「発達的評価」が従来の診断的評価、形成的評価、総括的評価とどのような関係であるのかが問われる。他方で、「発達的評価」には児童生徒の過度の選別・選抜を克服することがめざされたという背景がある。このことを勘案すると、発達的評価は選抜的評価と対立関係にあると言えよう。

以上、「発達的評価」は評価の目的や機能から提起された概念であり、単に評価方法や評価機能のひとつに位置づく概念ではなく、評価観のひとつと理解

できよう。すなわち，発達的評価とは評価の目的を児童生徒の発達の促進に規定する一方で，だれがどのような基準に照らして，どのような方法で，そして学習のどの段階で評価を行うのかという点を必ずしも規定する概念ではないと言えよう。

(2)「発達的評価」が基づく価値観は何か

また，教育がどのような価値観（価値志向）に基づくのかという前提そのものも問われた。教育の価値については，大きく三つに分けることができる[7]。①知識本位の価値志向，②社会本位の価値志向，③人間本位の価値志向である。すなわち，①は知識，教科がカリキュラムの中心であるとする価値観，②は教育が社会発展の需要を満たすことであるとする価値観，③は教育が児童生徒の本性を十分に重視し，児童生徒の発達，自己実現が目的であるとする価値観にそれぞれ対応している。以上を前提として，「発達的評価」が基づく価値観については，次の三つの意見が見られる。

第一に，③の人間本位の価値観とする意見である。この意見は構成主義において児童生徒の主体性，個人経験の強調，教育と知識のイデオロギー性への批判を背景とする。従来の中国の教育においては教科が中心とされ，国家への服務が目的とされてきた。これに対し，新しいカリキュラム改革のスローガンにおいて「すべてが児童生徒の発達のため（一切为了学生）」とされている以上，人間を本位とする価値観に基づくと考えるのが妥当であるとされた。

第二に，②の社会本位と③の人間本位の統合を主張する意見である。これについては次のように述べられている。「発達的評価は個人の全面的な発達，個性の発達，人格の発達を重視すると同時に，国家政治，経済，文化など社会発展の需要も重視すべき」[8]である。つまり，「発達的評価」は国家と社会の要望さらには個人の発達の需要を同時に満たすことが重要であるとの意見である。

第三に，①②③の三つの価値観を有機的に結合するという意見である。現代社会におけるインターネットの普及・グローバル化・知識社会という三つの特徴は，教育においては個性のある人間の育成・競争力のある国の形成・知識の尊重に対応し，これらのすべてが重要であるとする。この立場は，どれか一つの価値観に傾倒するだけでは，もはや国際社会に対応できないと考える。した

がって，「発達的評価」は先の三つの価値が共存・共生する多元的な価値観からとらえることが妥当であるとする。

以上の意見は，「発達的評価」がどのような教育観に基づくのかを議論している。言い換えれば，素質教育はどのような教育観に基づく教育なのか，そして，その力点は知識，社会，人間，またはそれらの組み合わせであるのかについて議論している。前章で見てきたように，1980年代以来，知識の系統性が強調されてきた。その結果，児童生徒の課業負担が大きいといった問題が指摘されるようになった。これに対して，素質教育は児童生徒の素質の全面的な発達，個性のある発達を提唱した。では，素質教育は知識本位ではなく，人間本位かそれとも多元的な教育観に基づくものなのか。こうした根本的な問いにおいて，素質教育をめざす「発達的評価」における価値観への解釈は分かれてしまう。そのため，こうした曖昧な点については，後に「知識軽視」教育と批判され，大きな論争が引き起こされた（第5章で詳細に論じる）。したがって，「発達的評価」が前提とする価値観を明らかにするには，素質教育そのものがどのような教育なのかという点を再検討する必要があるだろう。

(3) 「発達的評価」が基づく評価モデルとは何か

教育評価論の発展は次の三つのモデルに分類できる[9]。①タイラーを代表とする目標モデル，②ステンハウス（Stenhouse, L.）とスクリヴァン（Scriven, M. S.）を代表とする過程モデル，③グーバ（Guba, E. G.）とリンカーン（Lincoln, Y. S.）を代表とする主体モデルである。

ここで，「発達的評価」は「評価論発展の最新の思想を反映している」[10]と考え，③の主体モデルに基づくとする主張がある。主体モデルにおいては「評価は教師と児童生徒が共同に意味を構成する過程」であり，「教師と児童生徒は平等な評価主体」であるということが強調されている[11]。「発達的評価」は従来の評価より，児童生徒の主体性を重視していることから，主体モデルの特徴を満たしているという。これに対し，新しいカリキュラム改革における評価は，やはり①の目標モデルに属するという指摘もある[12]。この指摘においては，「児童生徒評価の基準は各教科の国家課程標準」であるからという理由が述べられている。ナショナル・カリキュラムに基づく中国の教育においては，「課程標準」

に従って，教育を行うことが基本であり，評価も「課程標準」に示された目標に照らして行われる活動である。このように考えると，現状としては「課程標準」に示された目標や教育活動に，予想外のものを加味する評価は行いにくい[13]。たとえば，授業において実際に起こった授業目標以外の展開や予想外の児童生徒のパフォーマンスは評価されにくい。したがって，目標モデルの特徴が最も顕著に表れているというのである。

このように，「発達的評価」が基づく評価モデルについては意見が分かれていることがわかる。しかし，二つの主張は異なる角度から述べているため，必ずしも対立してはいない。すなわち，前者においては児童生徒の主体性が重視されているという角度から，後者においては目標に準拠する必要があるという角度から，「発達的評価」をまとめている。ここから，「発達的評価」がいずれの評価モデルの特徴をも満たしていることがわかる。つまり，目標に準拠した評価であると同時に教育活動の全過程に注目し，児童生徒を評価主体とするという被評価者の主体性を重視しているのである。

以上のように，「発達的評価」について多様な解釈がなされていることが明らかとなった。その原因は「発達的評価」について，政策文書において正式な規定や統一的な定義がない点にある。しかしながら，このような解釈の違いこそが，素質教育をめざす教育評価とはどのような評価であるのかを浮き彫りにする重要な議論を内包していると考える。すなわち，素質教育をめざす評価を概括する「発達的評価」は，児童生徒の全面的な発達の促進を意図した評価である。その特徴は発達の促進としての評価機能，全面的な評価内容，多様な評価方法，多元的な評価主体という点で共通に理解されている。しかしながら，このような教育評価が基づく価値観と評価モデル，およびそれが評価論においてどのように位置づいているのかといった問題について，さらなる検討が必要であることが議論から明らかになった。

では，なぜ研究者はこのように素質教育をめざす評価のあり方を受けとめたのか。その背景には，国際的な教育評価論に関する研究の展開から受けた影響があると考えられる。次項では，現代中国において世界の教育評価論がどのように研究されているのかを考察する。

2 教育評価論の国際的な動向

(1) 時期区分から見る教育評価論研究の展開

教育評価論研究の国際的な展開について，現代中国の研究者によって多様な時代区分が行われている。

第一に，1970年代を転換点ととらえる立場である。この立場では，70年代以降のタイラー原理をめぐる議論を背景に，教育評価は新しいパラダイムを迎えたととらえられる。70年代に至るまでの研究は，タイラー原理の継承・改善をめざした研究であり，基本的には同じ教育評価パラダイムである。しかし，その後の評価研究はタイラー原理の根本的な批判と全面的な反省のうえで行われたものであり，異なる教育評価パラダイムを前提とする研究であるとされる。したがってこの立場は，70年代に至るまでを現代教育評価パラダイム，70年代以降をポストモダン教育評価パラダイムと区分する[14]。

第二に，20世紀以降を三つに区分する立場である。この立場では，教育評価におけるキーワードの象徴的な変化から，20世紀初頭のテスト期（testing era），20世紀中葉のエバリュエーション期（evaluation era）と1980年代からのアセスメント期（assessment era）に区分される[15]。

第三に，次の四つの時期区分を行う立場である[16]。①心理測定期（19世紀末～1930年代），すなわち量的な方法で学習の状況（知識の記憶状況など）を測定し，学習の過程を考慮しない時期である。②目標中心期（1930年代～1950年代），すなわち，タイラーの「8年研究」のもとで，教育の結果と教育目標の一致に重きを置いて記述する時期である。③基準開発期（1950年代～1970年代），すなわち，ブルームによるタキソノミー研究を代表に，教育目標と教育方法を評価する基準を研究し，評価の教育改善機能が強調される時期である。④結果同意期（1970年代以降），すなわち，評価結果に対する被評価者の同意を強調し，評価主体間のコミュニケーション，相談，理解と譲歩，評価基準の多元化を主張する時期である。

以上の区分に対して，①「測定期」，②「記述期」，③「判定期」，④「構成期」という時期区分が多く使われている。この区分は，アメリカの研究者であるグー

バとリンカーンによる区分である。ここでは，現代中国の多くの研究者が引用するグーバとリンカーンによる区分について詳しく見ていく[17]。

① 「測定期」は19世紀末頃から1930年代までの時期を指す。自然科学の発展に伴い，統計技術と測定技術がさまざまな領域で使われるようになった。教育学者や心理学者はこうした客観的な測定技術を教育領域に導入することで，教育効果の向上や試験などの改善をめざした。これが教育測定運動である。各種テストの登場は，客観的で体系的な評価に向けて方法面での条件を提供した。このように，この時期の評価とは，妥当なテストを選んで評価対象を測定することに特徴があり，テストの客観性と信頼性が強調された。

② 「記述期」は1930年代から1950年代までの時期を指す。この時期の特徴は「記述（description）」である。つまり，教育結果が教育目標とどの程度一致しているかを記述する。1930年代における不況の時代，初等教育を修了しても就職が著しく困難であったため，中等教育への進学者が急増した。これにより，高等教育への準備教育として編成されていた中等教育カリキュラムの適切性が問われた。従来の学問的なカリキュラムだけでなく，特に就職を予定する生徒のニーズに応じた内容を多く含むカリキュラムを編成する必要があった。しかしながら，こうしたカリキュラムに基づいて教育を行うことで，特に後期中等教育の質の低下が危ぶまれた。加えて，中等教育の質の低下に起因する高等教育の質の低下が懸念された。

　そこで，こうした危機感を取り払うべく，後に「8年研究」と呼ばれるプロジェクトが計画された。「8年研究」の重要な成果は教育評価（evaluation）の理論と方法の構築である。教育評価においては単なる1回か2回のテストの結果ではなく，生徒の成績，さらに教育の成果と教育目標の一致の程度に関する記述が重要である。こうした評価情報から教授や学習が抱える問題を見つけて，カリキュラム，教材，授業案と教育方法の改善を行うことが強調された[18]。こうして「目標→内容→方法→評価」という一連のカリキュラム開発の原理が提起された。このタイラー原理の影響を受け，教育目標体系に関する研究が盛んになった。

　そのなかで，ブルームたちのタキソノミー研究が最も注目を集めた。教

育目標はそもそも教育の効果を客観的に評価するために設定されるものであり、測定可能な具体的な行動目標でなければならない。このように考えるとき、「目標＝行動＝評価技術＝測定問題」と表すことができると主張した。タイラー原理とブルームのタキソノミー研究はカリキュラム研究と評価論研究に国際的な影響を及ぼした。このように、評価とは目標に照らして、結果を客観的に記述する過程であること、評価するためには明確な行動目標の設定が前提であることが、この時期の評価論研究の特徴である。

③「判定期」は1960年代から1970年代までの時期を指す。この時期は、評価者の役割として、目標に照らして評価を記述することだけでなく、目標自体について評価する必要があるのか、つまり目標を価値判定（judgement）することを含めるべきかなどをめぐって議論された時期である。判定志向という評価モデルの提起がこの時期の特徴である。たとえば、スクリヴァンによる事前に目標を問うことなく評価を行うゴール・フリー評価モデル、アイスナー（Eisner, E. W.）による芸術批評の方法を取り入れ、教育の結果を主観的に評価する鑑識眼と教育批評の主張が挙げられよう。このように、評価とは価値判定する過程であると認識され、目標そのものの価値判定、目標から独立した評価者の評価基準に基づく価値判定、質的な方法での価値判定が提唱された。

④「構成期」は1960年代末から1970年代初めの頃に始まった。欧米では、伝統的な評価方法は実験心理学、心理測定学に由来するために、複雑な教育活動を十分に描ききれないとの批判を契機に、科学的パラダイムではなく文化人類学のパラダイムに基づいて教育評価を研究すべきであるという主張がなされた。この主張においては評価は教育結果のみを測定するのではなく、仮説、実施過程、効果、問題などを含むプログラム全体について評価を行う。これは新しい評価理念であり、グーバとリンカーンはこれを「第四世代評価」と呼んだ。

グーバとリンカーンは従来の評価を次の3点において批判した。第一に、「管理主義的傾向」である。教育管理者と評価者の関係はこれまであまり注目されなかった。一般的に管理者は評価の範囲、内容、対象などを決め、評価者が評価に関する指示を受ける立場にある。このような関係は次の四つの不合理な結

果を招きやすい。一つ目は，管理者は評価の外にいるため，評価内容についての責任が問われない点である。評価に何らかの欠陥がある場合でも，その責任は評価者やほかのところに帰属されてしまう。二つ目は，管理者と評価者の関係が不平等な点である。権限が管理者に偏るため，評価の実施・結果の公表などについて意見が分かれる場合，管理者の意見が優先されてしまう。三つ目は，このような不平等な関係において，児童生徒や保護者といったステイクホルダーが異なる意見を述べにくく，その意見も採用されにくい点である。四つ目は，管理者ができるだけ自分の利益を損させないことと，評価者は利益などのために管理者の認めた方法でしか評価しないことが，ある種のよくない共通認識を形成する点である。

　第二に「価値の多元性の軽視」である。すなわち，従来の評価においては客観性が問われる一方，その前提にある価値自体を問わない傾向があった。「だれがこの評価を行うのか」，「だれのために評価するのか」という点が不問とされ，異なる価値観にある評価者からの評価結果に対する承認は得がたかった。

　第三に，「科学的パラダイムに依存しすぎた」ことである。科学的パラダイムに依存しすぎた結果，科学的な方法・実証的な技術が評価方法の主流に位置づけられてしまった。つまり，量的な測定に依存し，質的な探究が軽視された点が指摘できよう。しかし，本来，評価方法は多様に存在するはずである。評価における「客観的」な結論こそが「真実」だとみなされ，異論が認められにくかった。

　そこでグーバとリンカーンは管理主義的傾向を打破し，さまざまなステイクホルダーの関心や要求，焦点を評価の出発点とすること，そして「交渉」の形式を経て評価を共同に構成することを実現する必要があると提案した。この方法論に基づく評価が「第四世代評価」である。自然で平等な雰囲気のなかで，評価者が質的な研究方法を用いてステイクホルダーとの対話と交渉を通し，共同解釈を得ることが強調された[19]。

　以上見てきたグーバとリンカーンの評価論研究に対する分析と整理により，それぞれの時期の評価論の特徴が明らかになった。とりわけ④の「構成期」以前の評価に対する批判は，中国の従来の評価の問題点と一致していると考えられる。そして，これらの批判を踏まえた「第四世代評価」の提唱により社会科

学的なパラダイムを用いて教育評価にアプローチすること，評価活動に交渉と相談を効果的に導入し，合意を形成することが評価論研究に新たな観点として持ち込まれたことは，現代中国の評価改革にも大きな示唆を与えることができると言えよう[20]。

(2) 教育評価論研究の動向

前項において国際的な教育評価論研究の展開を考察した結果，教育評価のモデルは目標モデル→過程モデル→主体モデルに変わることが示したように，教育評価の価値志向は目標志向から過程志向，それから主体志向に転換していくことがわかる。李雁冰はこれを「目標志向→過程志向→主体志向」というようにまとめている[21]。

目標志向の評価においては，タイラー原理に代表されているように目標設定を唯一の評価基準とし，教育結果と教育目標との一貫性を問う。この場合，評価を通じて評価対象をコントロールし，改善を促すことで目標達成が実現される。目標志向評価は明確な目標を基準とするため，科学的で操作も容易である。しかし，評価対象となる児童生徒の主体性，創造性，目標を超える部分への配慮が不足している。また結果だけに注目し，過程を無視する傾向がある。

そこで，教育の全過程において，教育的価値のある活動をすべて評価の対象とする評価を行う必要があり，これが過程志向の評価である。その際，評価者と被評価者の交流が重要となり，その過程自体が重要な価値を持つ。しかし，過程志向の評価は，過程の軽視を克服することに意味がある一方で，評価対象の主体性への配慮に不十分な点がある。

したがって，主体志向の評価が重要になる。主体志向の評価においても過程が持つ価値が重視されるため，評価過程において評価者と被評価者の主体性，両者の関係性が注目される。その結果，評価とは両者が意味を構成していく過程だと考えることになる。ここでは，評価の目的は価値判断を経て結論を出すことにあるのではなく，被評価者が結論を認めることと，さらに，認めた結論によって自らを改善し発展することにある。この場合，教師と児童生徒は平等であり，評価する過程は民主的な参加，共同での相談，相互理解，妥協し合う過程である。このように多元的な価値や個人差を尊重する点に特徴がある。こ

こでは自己評価がとりわけ重要になり，外部からの圧力ではなく，自らの評価への積極的な参加，反省，改善が最も重要だと強調される。

また，丁朝蓬らはさらに教育評価の研究，実施にかかわるさまざまな側面から評価論研究の動向を次の9点に整理している[22]。

- 目標に基づく評価からゴール・フリー評価へ。
- 結果の評価から過程の評価へ。
- カリキュラムの外的な価値からカリキュラムの内的な価値の重視へ。
- 一つの側面の考査からカリキュラム実施の全体文脈からの把握へ。
- 教育活動の有効性の重視から個人の発達へ。
- 客観的な知識の注目から個人の体験の価値へ。
- 価値中立から価値判定へ。
- 評価関係は主体と客体の対立から主体間の交渉，相談へ。
- 自然科学的パラダイムから社会科学的パラダイムへ。

以上見てきた中国の研究者による評価論に関する研究動向の整理から，評価対象である児童生徒の評価活動における位置づけと役割が大きく転換したことがわかる。李の「主体志向」が示すように，評価主体である児童生徒がどのように評価活動へと参加するのか，評価活動を通して，どのような発達が実現されるのかという点が最も重要である。丁の主張において「個人の発達」，「個人の体験」，「主体間の交渉」と整理されているように，児童生徒を重視している点を読みとることができる。そのため，従来の教育目標は計画どおりに達成できているのか，評価方法は客観的であるのか，といった点は評価の核心ではなくなった。児童生徒の発達が教育評価において最も注目されるべき問題になると，評価方法，評価の重点，評価主体と評価結果のフィードバックの仕方が変わっていく。

このような評価論の研究動向を考察することで，前述の「発達的評価」についての所論がより明確となった。すなわち，児童生徒の「発達」の促進を評価の目的とする「発達的評価」は，文字どおり「主体志向」の特徴を備えている。そして，児童生徒の主体性を重視し，自己認識の育成がとりわけ強調されている点もこの評価論研究の動向から明らかになった。

しかしながら,「発達的評価」は「主体志向（モデル）」の特徴を確かに備えているものの, 同時に目標に準拠した評価でもあるため,「目標志向（モデル）」の特徴をも持っている。そして, 評価は教育の全過程に注目するものであるという点が強調されていることから, 過程への重視も読みとることができる。したがって,「発達的評価」はこのような国際的な評価論研究の動向を取り入れながら, 中国の教育状況も同時に踏まえた教育評価だと理解できる。このように, 新しい概念として, 研究者は国際的な研究動向と関連づけながら「発達的評価」を解釈しようとしている様子が明らかとなった。

　では, こうした「発達的評価」に対する理解を踏まえたうえで, 具体的にどのような研究がされているのかを検討しよう。以下, 評価モデル（第2節）, 評価目標（第3節）, 評価方法（第4節）についての研究を考察する。

第2節　評価モデルの提案

1　自己評価を中心とする「自己接受評価」

　主体志向の評価という評価論研究の動向を踏まえて, 李雁冰は「自己接受評価」を提案した。この「自己接受評価」とは,「児童生徒が自己評価を中心に, 教師などによる他者評価と関連づけて, 積極的な自己意識を形成し, 現実の主体性を発達させる評価」[23]である。

　李は教育評価が教育の機能を果たしているのか否かを基準に, 次のように分類した。教育評価は教育から独立して教育の外から評価するものではなく, 教育の一部であり, 教育としての機能を持つべきであるため, こうした教育評価は「教育的評価（educative assessment）」とされる。これとは逆に, 教育の結果だけに注目し, その評価結果が教育活動にフィードバックされず, 児童生徒の発達に影響が少ない場合は教育の外部からの評価となり,「非教育的評価（non-educative assessment）」とされる。こうした提起は評価の教育的機能の可能性を広げた。改善のための形成的評価は典型的な教育的評価である。

　しかしながら, このような評価結果のフィードバックによる教育の改善は単に間接的な教育機能を果たしているだけにすぎないと李は指摘し,「間接教育的

評価(indirect educative assessment)」と定義した。これに対して,自己評価を含む自己接受評価は「直接教育的評価(direct educative assessment)」であると定義し,後者のような評価を行うことが児童生徒の発達に直接につながると主張した。

「自己接受評価」は児童生徒の自己評価を中心とする。もちろん教師も評価を行うが,自己評価と調整し,一致することが重視された。自己評価は「児童生徒が持っている自己認識に基づいて,自分が認めた評価指標と基準に照らして,自分のすべてまたは一部の素質の発達を認識し,判断する」[24]ことを意味する。ここで注目すべきは,自己評価の基準において,児童生徒と教師との相談を経たのか否かといった作成過程ではなく,児童生徒がそれを受け入れているのか否かということが最も重視されている点である。このような評価活動によって,児童生徒は自分がどのように成長しているかを実感し,健全な自己認識を発達させる。そして積極的に学習し,主体的に既存の認知構造と結びつけ,知識を構成する。したがって,このような自己評価活動は教育活動そのものになる。

ところが,自己評価において基準が設けられていても,判断が児童生徒に委ねられるため,恣意的な判断となる可能性もある。そこで,評価の信頼性を高めるために,教師などの他者からの評価が必要となる。とりわけ,教師からの評価は児童生徒の適切な自己評価と学習の改善に重要である。このとき争点になるのは,教師による児童生徒に対する評価が,目標に準拠した評価であるのか,あるいは相対評価であるのかという点ではなく,評価結果が児童生徒に受け入れられるか否かである。重要なのは児童生徒に進歩を実感させ,向上する意欲と自信をはぐくむべきとされる。

このように児童生徒の自己評価は教師による評価を経て,より豊かで真実に迫るものになる。教師による評価は児童生徒の自己評価をより信頼性の高いものにする。加えて,李は次の2点を注意すべき点として指摘した。

第一に,児童生徒を評価する際,教師は一方的に児童生徒の自己評価にすり寄ってはならないという点である。児童生徒の発達状況と彼らが直面する「発達の最近接領域」を把握し,適切な教育目標を設定して教育と評価を行うことで,児童生徒は教師による評価を受容すると提案した。

第二に，自己評価を重視するからといって，教師による評価の実施頻度が減るというわけではないという点である。教師による評価が補助的なものとしての位置づけであったとしても，それは評価観においてそのように位置づけられているだけであり，実践の頻度を意味しない。換言すれば，教師による評価は児童生徒の自己評価より回数が少ないとは限らないということである。

　このように，自己評価を中心とし，ほかの評価と結合して教育評価を行う「自己接受評価」が提案された。ここで自己評価は今まで以上に重要な位置づけとされた。児童生徒の自己評価能力を高めることで，主体的な学習が促され，主体性が育成できる。このとき，他者評価も非常に重要であるが，その評価基準と評価結果を児童生徒が受け入れられるか否かが問われる。こうした的確な評価が児童生徒の内的な学習動機となり，次の学習の改善と成長につながる。さらに，児童生徒が受け入れやすい評価は，自身で適切な目標を設定することを促すという点でも興味深い意見である。すなわち，設定した目標が簡単すぎると児童生徒の学習意欲を引き起こさない。逆に，難しすぎると努力しても到達できなくなる。そこで，児童生徒の状況を把握し，彼らの「発達の最近接領域」を明確にして学習と努力によって到達できる目標を設定することで，目標に準拠した評価が児童生徒に受け入れられやすくなる。このような「自己接受評価」は「発達的評価」に新しい観点を提供した。

2　三螺旋型「発達的評価」体系の試み

　前項で論じたように，李は新しい評価研究の観点を示した。これに対し，劉志軍は評価論研究の成果と中国のカリキュラムの特徴を踏まえて，新しい評価モデルを提案した。劉はそれを三螺旋型の「発達的評価」体系と呼んだ[25]。すなわち，「発達的評価」の体系は「目標を中心とするカリキュラム評価」，「過程を中心とする実施の評価」，「結果を中心とする効果の評価」という三つの独立しながら緊密に関連する部分から構成され，それぞれが螺旋状に上昇する。
　図3-1が示しているように，このモデルにおいて評価は「教育計画の評価→教育実施の評価→教育効果の評価」という順番で展開される。教育計画の評価は目標を中心に評価を行う。このことは，中国がナショナル・カリキュラムを

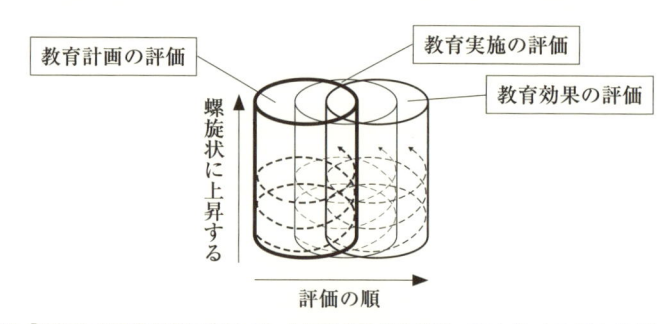

出典：劉志軍『理解的な課程評価に向けて』中国社会科学出版社，2004年，165頁を参考に筆者が作成。
図3-1　発達的教育評価の構造

設定しているため，明確な目標がカリキュラム・スタンダードに示されているからである。この目標と計画は教育を指導する指針となるため，それについての評価は非常に重要である。次に，「トップダウン」形式のカリキュラムにおいて，その実施過程の評価と結果の評価によって，教育目標と計画の調整を行うことがとりわけ必要となると強調される。そして，教育の実施と効果について評価を行うものの，それぞれは，目標を参考としながらも，目標に限定されない点に注意が必要である。教育の実施過程も重要な評価内容であり，「実施過程の評価は，計画・期待した教育と現実の教育との距離の縮小，調整を行うことに格別な意義を持つ」とされる[26]。

　さらに，教育によって計画どおりの結果を得られたか，予想外の結果が生じなかったか，どのような問題が起こっているかなどについての評価も行われる。ここで劉は，「どれか一部分についての1回の評価ではなく，数回の循環した評価とそして螺旋状に上昇する過程」が重要であると指摘した。三つの部分の評価は，評価の重要な参考資料となる。それぞれの評価結果がほかの部分に影響するため，即時の調整が望ましい。そのことによって，螺旋状の上昇が期待される。この提案は「従来の直線型の目標評価のような因果関係を明確に強調するモデルと，ゴール・フリー評価のような因果関係の不確定さを強調するモデルの対立を超えよう」[27]としたもので，目標に準拠するものの，既定の目標だけにこだわらずに評価し，両者の有機的な結合がめざされている。

　このように，劉はマクロな視点から教育課程の全過程を評価するモデルを提案した。この提案は実際の授業実践においても適用できるだろう。とりわけ，

目標を参考にしつつも目標に限定されない実践をめざすという主張，学習の成果も評価者の目に入れるべきであるという指摘，それぞれの評価が関連することによって，教育の目標と過程が即時に調整される必要があるという主張は評価改革が提唱している評価の実践に示唆を与えるだろう。

本節において検討した「自己接受評価」と三螺旋型「発達的評価」の提案は評価論研究の動向を反映していると言えよう。「自己接受評価」は主体志向の評価の動向を念頭に，その主体志向において，単に児童生徒を評価の主体とし，評価基準の設定への参加を重視するにとどまらず，児童生徒の自己評価能力を向上させることで主体的に学習と評価を行い，主体性をはぐくむことをめざした。したがって，このような評価論は児童生徒の発達をめざそうとするものとなったと言えよう。そして，三螺旋型「発達的評価」は目標評価とゴール・フリー評価の二項対立関係を超えるべく，教育実践の実際の状況把握，調整，教育の全過程への注目を重視した。これにより計画性と現実の多様性を融合した評価が可能になるだろう。次は，さらに評価改革の取り組みを受けて，目標構造についての議論に注目し，評価目標についての研究状況を明らかにする。

第3節　評価目標の構成をめぐる議論

1　評価目標の構成をめぐる三つの立場

前章における「通知」の検討から明らかになったように，児童生徒に対する評価において，評価基準が準拠する目標は基礎発達目標と教科学習目標に分けられる。基礎発達目標は道徳品性，公民教養，学習能力，コミュニケーション能力と協力能力，運動と健康，審美と表現を含む。教科学習目標は各教科の「課程標準」に記された学習目標と各学習段階における児童生徒が到達する目標から構成される。

しかし，実際の教育活動においては，基礎発達目標を達成させるための教科はない。「通知」においては，基礎発達目標の定義は述べられたものの，その具体的な実践や評価方法について，また，基礎発達目標と教科学習目標の関係性は述べられなかった。この二つの目標の関係について，研究者の間で意見が

①包含　　　　　　②独立　　　　　　③交差

出典：王斌興編『新課程学生評価［新カリキュラムにおける児童生徒評価］』開明出版社，2004年，25頁を参考に筆者が作成。

図3-2　基礎発達評価目標と教科学習評価目標の関係

分かれている。これらの立場は大きく図3-2のような3種類にまとめることができる[28]。

　第一の立場は，基礎発達目標が教科学習目標に包含されるとする立場である。この考えは二つの目標は別個のものとしてとらえてはならないとする立場であり，基礎発達目標は教科学習を通して実現され，評価も特別にするのではなく，教科学習の評価に伴い実現されると考える。このような立場に立つのが胡中鋒である。胡は教育活動において，教科学習目標と基礎発達目標を分けることができないと述べ，「基礎発達目標は児童生徒の全面発達を評価する基礎素質の指標体系であり，それぞれの学習段階の学習を経て到達すべき基本目標」であり，「基礎発達目標はつねに教科学習目標に含まれ，それは教科学習を通して達成される。したがって，基礎発達の評価は教科学習の評価を伴う」と主張した[29]。ただ，この場合，教科学習においてはそれぞれに目標が設定されているため，基礎発達目標がそのなかのどの部分であるかが明確でないと，軽視されてしまう可能性がある。したがって，次に示す第二の立場に立つ研究者もいる。

　第二の立場において，基礎発達目標と教科学習目標は独立するものとして考えられる。これは，次のような評価や入試の立場に基づく。基礎発達目標は，1回の試験で評価できるものではない。そのなかのほとんどの目標は，日常的な観察でしか評価できない。たとえば，道徳品性と公民教養の目標において「積極的に奉仕活動に参加する」という項目を評価するには，長期的に一貫した観察を実施しなければ適切な結論は得られない。入試で考査される内容は，非常に限定的な教科学習の内容である。それ以外の内容も重要であるため，基礎発

達目標が設定された。基礎発達目標に準拠した評価は，教科学習以外の内容の評価であると言い，この基礎発達目標の設定が，1回の試験で児童生徒を評価する入試改革の重要な試みであるとされる[30]。これは教科学習の評価と異なり，児童生徒の基礎発達を別に評価しなければならない，むしろそれは教科学習評価のできないことを補充する方法だという考えによる。

　第三の立場は，基礎発達目標が教科学習目標と互いに交差すると考える立場である。この立場では，基礎発達目標と教科学習目標は完全に分けることができないものの，評価は別々にすべきであると考える。たとえば，周衛勇は次のように述べている。基礎発達目標のための特別な教科や授業はないが，一つの教科では育成できない横断的なものを含む。また，基礎発達目標は全面発達，生涯発達の基礎であるため，児童生徒を評価する際，教科学習目標だけを重視するのではなく，基礎発達目標も重視しなければならない[31]。したがって，基礎発達目標の達成を保障するために，それぞれの評価基準を明確にし，分けて評価すべきだと言う。この立場においては基礎発達目標が児童生徒の全面発達の基礎であるという点を強調し，教科学習評価と別に評価すべきであるとする。

　この第三の立場は，基礎発達目標の提起の意味と実現可能性を踏まえていると言える。基礎発達目標は基礎的な素質の発達を目的とし，将来の学習，さらには，実生活を営むうえで基礎的な能力を身につけさせることを意図して設定された目標である。これが，各教科での指導を通して実現できるのであれば，特別に目標を設定する意味はない。そこで，基礎発達目標には，各教科を通して獲得される目標を統合しただけでは解消されない固有の内容と意味があるととらえる必要がある。独自の系統性を持つ教科では十分に育成できない基礎的，横断的な能力とは何かを明確にし，こうした能力の育成を従来の教科教育における目標に加えることこそ，児童生徒のより全面的かつ総合的な発達をめざすうえで重要になる。さらに両者の関係について，基礎発達目標の達成は教科学習の基礎になると同時に，教科学習を通じて深化・促進されるものであり，相互に影響し合う関係にあると理解できよう。

　このように考えると，第一の立場も意味を持つ。すなわち，どの教科において基礎発達目標の達成をめざす指導を行うのかを考えなければ，こうした目標設定は空洞化する。また，これを評価する場合も，教育と乖離した評価となっ

てしまう。したがって，交差型の関係を明確にとらえたうえでこれらの目標をさらに分類し，どのような教育活動において，また，どのような評価基準のもとで何を評価するのかを明らかにすることが重要である。次は第三の立場をとる王斌興の研究からこのことを具体的に見てみよう。

2 交差型目標構成による評価目標の設定

王は児童生徒に対する評価において，評価目標の構成を図3-3のように整理した。国務院の「小・中学生心得」と「生徒日常行為規範（修訂）」，「児童日常行為規範（修訂）」といった精神のもとで，「通知」に示された六つの基礎発達目標に基づいて，「基礎発達評価目標」を，学習段階別の「基礎発達評価総体目標」，「基礎発達評価六項目標」，「基礎発達評価分類目標」，さらに評価可能な「基礎発達評価基準」まで，一つひとつ分解している。一方で，「教科学習評価目標」を，「知識と技能」，「過程と方法」，「感情・態度と価値観」の『三次元』評価目標」から，「教科学習総体目標」，学習段階別の「教科学習評価分類目標」に分解し，最後に評価実施可能な「教科学習評価基準」にした。

教科学習評価目標は，前章で述べたように各教科における「知識と技能」，「過程と方法」，「感情・態度と価値観」などの面で到達する基本目標である。「三次元」評価目標は，この「知識と技能」，「過程と方法」，「感情・態度と価値観」の三つの面での評価目標を意味する。「知識と技能」は従来から重視されてき

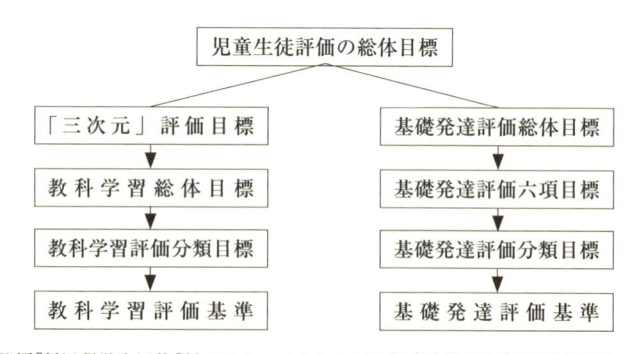

```
                児童生徒評価の総体目標
                 ┌──────┴──────┐
         ┌───────────┐      ┌───────────┐
         │「三次元」評価目標│      │基礎発達評価総体目標│
         └─────┬─────┘      └─────┬─────┘
         ┌───────────┐      ┌───────────┐
         │ 教科学習総体目標 │      │基礎発達評価六項目標│
         └─────┬─────┘      └─────┬─────┘
         ┌───────────┐      ┌───────────┐
         │教科学習評価分類目標│     │基礎発達評価分類目標│
         └─────┬─────┘      └─────┬─────┘
         ┌───────────┐      ┌───────────┐
         │ 教科学習評価基準 │      │ 基礎発達評価基準 │
         └───────────┘      └───────────┘
```

出典：王斌興編『新課程学生評価［新カリキュラムにおける児童生徒評価］』開明出版社，2004年，26頁。

図3-3　児童生徒評価目標構成

たものである。しかし，新しい児童生徒評価においては「知識の記憶，理解，応用と分析のうえに，さらに知識に対する経験と感受を重視し，知識の構成を促進」すると述べられている[32]。「過程と方法」の評価は思考過程をも含む学習過程の評価と学習方法の評価からなる。「感情・態度と価値観」は児童生徒が学習する原動力である。その評価によって，児童生徒の学習感情の変化，積極的な学習態度と正確な価値観の形成を促進する。このように教科学習の評価はこの「三次元」の目標を基準として行われる。その次の教科学習総体目標，教科学習評価分類目標と教科学習評価基準は図2-2の各教科の「課程標準」に設定された「総体目標」，「学習段階目標」と「内容標準」の部分にあたる。

　基礎発達目標は，「通知」において六つの目標で示されているが，学習段階別に分解されている。たとえば2年間を一つの学習段階とし，その評価基準を決める。そして，実際の教育活動の過程においては，必要に応じて，さらに学習単元と発達期間を分けて評価を行うことが適切だと王は提案している。「教科学習においては，単元ごとに形成的評価を行い，基礎発達の評価において，1年生から6年生は1カ月で一つの発達期間として，7年生から9年生は2カ月で一つの発達期間として捉え，発達期間ごとに評価を行う」という（資料3-1）。

　目標がここまで具体化されることで，基礎発達目標が評価可能になるだろう。しかし，このような目標では，日常のなかでの行動に対する指導や，算数・国

資料3-1　1年生の1カ月目の発達評価基準

①座る・立つ姿勢が正しい。
②友好的に友達と遊べる。
③授業後・放課後に自分の学習用具を片づけられる。
④自分の親の名前と住所がわかる。
⑤時間どおりに登校できる。
⑥自分の名前と10以内の数が読める。
⑦10以内の数の大きさを比較できる。
⑧右側通行がわかる。
⑨単母音と一部の子音を正確に書き，読むことができる。
⑩他人からのプレゼントや助けてもらったときにお礼が言える。
⑪時間どおりに起床，就寝できる。
⑫学んだ漢字を正確に書き，基本的な部首の名前が言える。
⑬四季の変化がわかる。四季の特徴が言える。
⑭物事の色，形と大きさを言える。

出典：王斌興編『新課程学生評価［新カリキュラムにおける児童生徒評価］』開明出版社，2004年，50-51頁。

語・理科など教科の知識を特別な時間を設けて指導するのか，通常の各教科の時間内で指導するのかといった点については未だ不明確である。また中国は教科担任制であるため，どの教師がどの時間に指導するのかもわかりにくい。

　以上述べてきたように，児童生徒評価が準拠する目標は，基礎発達目標と教科学習目標からなる。そして，この二つを明確にしたうえで児童生徒評価を行うことが強調されている。しかしながら，基礎発達目標と教科学習目標はどのような関係にあるのかという点について，「包含」関係，互いに「独立」した関係，「交差」する関係という三つの立場に分けられる。基礎発達目標が提唱された際，最も重視された点は，従来の教科教育が児童生徒の全面的かつ総合的な素質の育成に不完全なところがあったという問題を乗り越えることがめざされたということである。したがって，基礎発達目標は単に教科学習目標の基礎的な部分ではなく，教科学習だけでは獲得できない目標も含まれるという交差型の立場からの指摘は，基礎発達目標が提起された意味をよく踏まえたものであったことが明らかとなった。このような交差型の目標構成に基づいて評価目標が設定されたことを検討した結果，基礎発達目標と教科学習目標に準拠する評価の具体的なイメージが明らかとなった。しかしながら，教科担任制である学校教育現場では，だれが，どの時間で評価するのかという点についてはさらなる検討の余地がある。

　本節は評価目標をめぐる議論を検討したことで，評価改革において提唱された新しい評価体系の構造が，評価目標に関する研究の影響を受けて展開したことが明らかとなった。次節は評価方法に関する研究に注目し，その状況と課題を明らかにする。

第4節　評価方法に関する研究の展開

1　質的な評価方法に関する研究

　評価改革に関する政策文書の公布に伴って，評価方法について論じる研究が興隆した。既述のように「通知」では「教育の全過程を通し，多様で開放的な評価方法（たとえば，行為の観察法，情景試験，ポートフォリオ評価法など）を採

用する」と提案されている。これを受け，従来の筆記試験以外の評価法，とりわけ質的な評価方法として採り上げられているパフォーマンス評価法，ポートフォリオ評価法，ソクラテス式検討（Socratic Seminars）評価法，ダイナミック評価法（dynamic assessment），概念地図（concept map）評価法などについての研究が盛んになった。

筆者は「中国知網（インターネット図書館）」の「中国定期刊行物全文データベース」，「全国優秀修士学位論文全文データベース」，「全国博士学位論文全文データベース」において，論文名に「パフォーマンス評価」，「ポートフォリオ評価」が含まれる論文を検索した[33]。期間は1979年から2011年に限定した[34]。検索の結果は表3-1に示されているように，パフォーマンス評価法に関する論文は111編あり，その内，学術定期刊行物に発表された研究論文は88編，修士・博士学位論文は23編である。ポートフォリオ評価法に関する論文は221編である。そのなかで研究論文は160編で，修士学位論文が43編で，博士学位論文は18編ある。論文数から見ると，ポートフォリオ評価法に関する論文はパフォーマンス評価法に関する論文の2倍になる。

これらの研究においては，いずれも2000年以降の研究である点で共通している。ポートフォリオ評価法に関する論文は2001年「ポートフォリオ評価の小・中学校教育における応用」（『教育研究与実験』2001年4月）という論文から始まり，2002年には4編に増え，2003年は22編へと急増した。これに対し，パフォーマンス評価法に関する論文の登場は比較的遅かった。最初の論文は，2003年の「パフォーマンス評価――高級な学習の評価方法」（『全球教育展望』2003年11月）であった。それから2007年まで，毎年研究論文の数は増えている。

これら2種類の評価方法に関する論文の年度ごとの数とその変化の状況は図

表3-1　パフォーマンス評価法とポートフォリオ評価法に関する研究論文数比較

	パフォーマンス評価法	ポートフォリオ評価法
研究論文	88	160
修士学位論文	22	43
博士学位論文	1	18
合計	111	221

3-4 に示した。

　2001年から始まったポートフォリオ評価法についての研究は2002年と2003年に急増し，その後は同じ数量の研究を3年間維持し，2007年に研究数の頂点に至った。そして，2003年から始まったパフォーマンス評価法についての研究は2007年まで加速度的に増え続けた。両方とも2007年に30数編の研究論文が現れ，研究のピークとなった。その後は徐々に研究論文の数は減る傾向が見られる。

　このような変化は教育政策の改革と緊密に関連している。すでに前章で述べたように，1990年代後半に素質教育が提唱され，1999年の「決定」によって，全国的に素質教育を推進するようになった。しかし，当時，素質教育をめざして教育評価をどう変えるのかについて明確ではなかった。2001年の「綱要」によって，新しい初等・中等教育のカリキュラム改革が始まり，とりわけ評価改革が肝要だと強調された。そして，2002年の「通知」は評価改革を具体的に指示する政策文書として，改革の目標，原則，方法などが明確にされた。そこから，評価改革が勢いよく展開するようになる。

　このような背景から，2種類の評価方法の研究が同時に2002年前後から始まった。政策の影響と実践の必要を受け，研究論文は2007年まで増える一方であった。これらは海外における評価に関する理論と実践の紹介と論述，および教師が各教科において活用した状況の紹介と分析が主な内容であった。

　このように改革初期においては新しい提案や方法が試みられ，高い関心や意

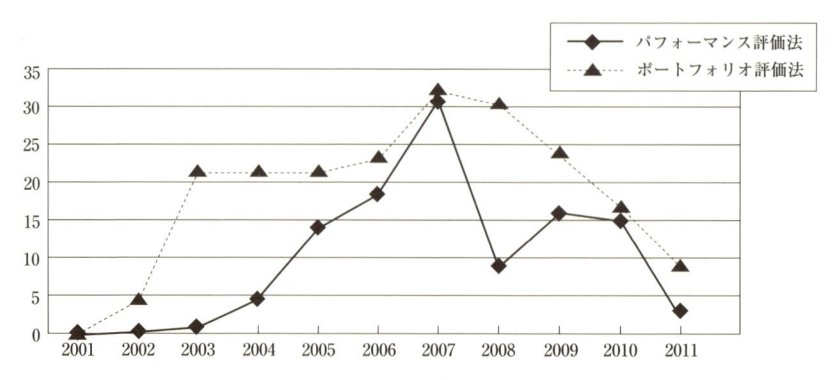

図3-4　パフォーマンス評価法とポートフォリオ評価法に関する研究論文数の変化

欲を持って研究が進められていたものの，改革の推移とともに徐々に停滞していったと考えられよう。教師の行う実践も徐々に改革以前の実践に戻る傾向にある[35]。また一定の研究蓄積が得られたため，それ以上に研究を深めるのは難しくなりつつある。改革が実施され，2007年ごろから研究の数が減っていったのにはこうした原因があった。さらに，改革を実践するにあたり，新しい方法が必ずしも適切ではない場面が明らかになりつつあるといった問題も（後述），研究が衰退する原因であると考えられよう。

では，研究の質，すなわち内容はどのような展開を遂げたのか。次はパフォーマンス評価法に関する論文を中心に，どのような研究がされているのかを具体的に考察したい。

2　パフォーマンス評価法に関する研究の展開

パフォーマンス評価法とは，真正の（または真正に近い）状況において，児童生徒の知識を総合的に活用させ，実際の問題を解決させることによって，その解決する過程，または完成した作品の考察を通して，児童生徒の能力を評価する方法である。パフォーマンス評価法が中国に導入されてから日はまだ浅く，新しいカリキュラム改革以来，注目されるようになった。現在，パフォーマンス評価法に関する著作は翻訳されたものである。2003年以前においては，パフォーマンス評価法を専ら論じるものはなかった。

パフォーマンス評価法研究の内容を見ると，教科におけるパフォーマンス評価法，進学試験・大学入試におけるパフォーマンス評価法と教師評価におけるパフォーマンス評価法の活用と教員研修などの内容が論じられている。また，パフォーマンス評価法の活用は就学前教育から，義務教育，高校教育，職業教育，高等教育まで，各教育段階での活用がなされていることがわかる。海外の研究としては，アメリカが最も多く，ほかにイギリス，オーストラリアの研究が注目されている。これらの国々の研究成果を踏まえて，中国において展開されている初等・中等教育などでの学校教育におけるパフォーマンス評価法研究に焦点を当てて，以下検討する。

初等・中等教育におけるパフォーマンス評価法の研究は大きく3種類に分け

られる。第一に，パフォーマンス評価法についての概論的な紹介やそれが基づく理論と実際の実施プロセスである。第二に，教科におけるパフォーマンス評価法の活用，実践例である。第三に，入学試験などにおけるパフォーマンス評価法の導入の可能性に関する研究である。

ちなみに，第二の研究に着目すると，教科におけるパフォーマンス評価法の活用状況は次のように整理することができる。研究論文の多い順番で，国語（9編），科学（9編），算数・数学（7編），英語（5編），物理（5編），情報技術（5編），体育（3編），音楽（2編），生物（2編）と化学（1編）におけるパフォーマンス評価法の活用に関する研究が挙げられている。そのなかでは，国語と科学においての活用に関する研究が最も多く，国語は作文，詩歌と総合学習の内容領域に集中し，科学は探究学習に集中している。次いで，英語においての活用は会話と読解に集中している。また，教科を超える実験の指導と評価，探究的学習および総合的素質の評価においても研究が行われている。

三つに分類されるパフォーマンス評価法の研究においては，次の3点の内容が検討されていることがわかる。一つ目は，パフォーマンス評価法の概要である。パフォーマンス評価法とは何かという，統一した定義はない。たとえば，「児童生徒が実際の課題を完成することで学習の成果を現す評価」[36]，「児童生徒が真正な課題に直面する際のパフォーマンスを考査し，ある特定の課題を完成するときに現れた真正の学力水準を評価する」[37]，「学習者が以前に習得した知識で新しい問題の解決をしたり，ある特定の課題を完成する能力を評価する」[38]といった説明がなされている。パフォーマンス評価法の特徴については「真正の課題」，「挑戦的な課題」，「事前に評価基準を作成」する，といった特徴が共通に指摘されている。

二つ目は，パフォーマンス課題の作成と課題の形式に関する研究である。たとえば，王は「作品展示課題」，「限定した課題」，「発展的課題」と分類し，「発展的課題」はより挑戦的で，児童生徒に創造する空間を与えるため，高次な能力を評価するために活用することを勧めた[39]。たとえば，「クローン技術の人類への影響についてレポートを書く」，「栄養があり，合理的な一週間のメニューを設計する」，「テレビ番組の視聴率の調査案を設計する」などの課題が提案された。

三つ目は，パフォーマンス評価法のルーブリックの作成についてである。結果の質を反映する評価指標として，パフォーマンスの質を区別するルーブリックが持つべき要素や，よいルーブリックの特徴などが研究されている。
　こうしたパフォーマンス評価法研究において，次のような課題が指摘できるだろう。1点目に，パフォーマンス評価法とポートフォリオ評価法，代替的な評価法（alternative assessment）など，ほかの評価方法との相違点や関係がまだ明確にされていない点である。2点目に，パフォーマンス評価法が生まれた背景と理論基盤などの研究が不十分な点である。3点目に教科におけるパフォーマンス評価法の研究は実践報告の段階にとどまっている点である。こうした研究が直面している問題や反省について十分に検討されているものは少ない。たとえば，パフォーマンス評価法には時間と労力がかかるため，どのような内容についてパフォーマンス評価法を採用する必要があるのか，評価者の間で違う結論が出た場合には信頼性が低くなるため，ルーブリックの作成と共有によっていかに信頼性の高い客観的な評価とするのかといった課題が指摘できよう。4点目に，入試に採り入れる可能性についての研究は欧米の先行事例の紹介にとどまり，中国の事情にまで踏み込んだ研究は少ない点である。
　このように，パフォーマンス評価法をはじめとする外来の評価方法についての研究が進められている。その一方で，評価改革から生まれた中国独自の特色のある評価方法や評価理念も見られるようになった。次にこの点を見てみよう。

3　特色ある評価研究の試み

(1)「即時的評価」の提起

　周知のように，教育評価は機能によって，診断的評価，形成的評価，総括的評価に分けられる。今回の評価改革の実施において，評価による改善，激励，発達の機能が強調されたことで，多くの研究者は評価機能に関して再検討し始めた。現代中国においては診断的評価，形成的評価，総括的評価のほかに，配置的評価などの分類がなされている[40]。
　とりわけ，形成的評価は改善の機能を持つため，その重要性がますます認識されるようになった。形成的評価を行うには，学習段階の学習目標とその評価

項目を決め，学習の単元や具体的な時間数を計画することが必要となるため，授業活動の方向が導かれる。また，児童生徒は各段階の目標に達成したか，あるいはどのくらい達成したかを判断し，成果をフィードバックし，児童生徒に自信をつけ，学習意欲を高めることで，学習活動を強化することができる。そして，形成的評価によって，早期に授業と学習の問題点を発見し，調整し，改善することができる。

しかしながら，依然としてテストが主な評価方法として使われるため，形成的評価と称して毎月，毎週，毎日という非常に高い頻度でテストをする学校もある。その結果，児童生徒に過重な負担がかかり，身体の健康が害されている。また，形成的評価の頻度を抑えても，単なる試験やテストを行うかぎり，授業過程が抱える問題を診断・分析し改善へとは至らず，即時のフィードバックと授業と学習を改善する機能が発揮されていないなどの問題が指摘されている学校もある[41]。

この本来の形成的評価の機能を軽視し，頻繁にテストを行う傾向に対し，王斌興は「即時的評価」という考え方を提案した。実際に形成的評価を実施する際には，「即時的評価」と「組織的評価」の2種類に分けることができると言う[42]。

王は，「評価は教育の一部であり，評価も児童生徒の生活の一部である。児童生徒の経験，学習習慣，学習の感情などはいつも日常的な学習環境のなかで現われる」と強調し，したがって，「日常の学校生活で，即時に児童生徒を観察し，把握し，ニーズを判断し，支援することは児童生徒を評価する基本である」と述べた。「即時的評価」とは，観察や交流によって，児童生徒の個性や特徴と，学習の困難やニーズという二つの面の状況を把握することを指す。「即時的評価」は柔軟性を持ち，いろいろな場面でさまざまな形で行われる。たとえば，一言で授業の要点をまとめさせ，そして，児童生徒の活動のなかでの表現を評価し，努力を肯定し，不足を指摘し，改善のためのアドバイスを与える。また一言の挨拶，一つの合図，1回の偶然の応答なども「即時的評価」になる。「肝心なのは観察のなかで確実な根拠となる評価情報を獲得し，適切な表し方で，即時に児童生徒にフィードバックすること」[43]である。また，児童生徒が自己評価するように指導することも重要だという。たとえば，「前の授業で〜を勉強し，…がわかった」，「活動のなかで〜を経験し，…を感じた」，「〜を観

察し分析した。その特徴は…」,「今日は〜を質問した。…と思った」,「今日は〜を勉強し，…ができるようになった」など，自己評価を促す質問に答えさせることである[44]。

「組織的評価」とは，教師が児童生徒の特定の学習と発達の情報を収集するために，計画的に評価を行うことである。単元テスト，宿題，パフォーマンス課題，学習ファイルなどが挙げられる。王は「組織的評価」の機能を以下の三つにまとめている。

① 「組織的評価」をする際には，単元学習の内容を中心にし，単元の評価基準に準拠し，児童生徒が目標に向けて学習することを指導する。
② この評価によって，児童生徒が学習段階の学習目標に達成したかを判断し，児童生徒を激励する。
③ 授業と学習活動に存在する問題を発見し，改善する計画を立てる。

最も重要なのは③の機能であると言う。「即時的評価」と異なり，「組織的評価」は評価の目標を重視し，一定の計画，編成を持って組織的に実施することが重要となる。したがって，「即時的評価」と比べて，「組織的評価」は系統的な分析と厳密な改善計画が重視されると言う。下記の表3-2は王がまとめたこの2種類の評価の比較である。それぞれの特徴，機能，収集方法とフィードバックなどにおいての違いがわかる。

表3-2 即時的評価と組織的評価の比較

	即時的評価	組織的評価
機能	即時に児童生徒の学習と生活においての問題，ニーズを発見し，児童生徒の個性と特徴を把握する。	目的を持ち，意識的かつ組織的に児童生徒の学習と基礎発達のさまざまな情報を収集する。
情報の収集方法	観察と交流。	評価基準による，単元テスト，授業中の練習，ドキュメンタリー評価*。
フィードバック・調節	児童生徒を支援し，授業の調節と修正をし，児童生徒の反省と改善を促す。	フィードバックによる授業と学習の改善。
特徴	順序なし。即時。情報は真正性を持ち，連続性はない。	組織的，順序的。

*ドキュメンタリー評価（原語は「紀実性評価」）は，児童生徒の学習作品と学習の証拠を収集し，日常学習生活の感受と思想を記録し，児童生徒の発達の過程を評価するものである。
出典：王斌興編『新課程学生評价［新カリキュラムにおける児童生徒評価］』開明出版社，2004年，55頁。

このように，形成的評価を「即時的評価」と「組織的評価」に分けることによって，単元テストは形成的評価のほんの一部であることが明確となり，テストの氾濫を防ぐ重要な主張となる。そして「組織的評価」の提起により，日常の教育活動での形成的評価の状況把握と改善機能，実施方法が明確になった。

(2)「延ばす評価」の提唱

「即時的評価」と同じように，「延ばす評価」[45]という用語も近年散見されるようになった。延ばす評価の理念は「課程標準」において提唱された。前章で述べたように，「課程標準」は「評価提言」において，「学習段階の目標は，学習修了のときに到達する目標であるため，一部の児童生徒には努力する期間を与え，最後に目標に達すればよい」，「教師は『延ばす判断』をする。試験がよくできていない生徒に2回目の試験チャンスを与え，2回目の成績を記録する」と提言している。当時は「延ばす評価」ではなく「延ばす判断」という言葉を使った。

こうした評価の考え方は教師に対しては新しい提案である。このように提唱された原因として2点を指摘できる。

第一に，従来の「教学大綱」の学年ごとに目標と内容が規定されるのと違って，「課程標準」の目標は三つの学年を合わせた学習段階に分けて設定されている（図2-2参照）。このようなデザインは地域，学校，教師と教科書編集者にそれぞれの事情や児童生徒の状況に応じて教育活動を行う時間と空間を与えた。したがって，教師は長い目で児童生徒の発達と学習の様子に応じて指導し，評価することが期待された。

第二に，「課程標準」の目標設定は最低基準となっている。すなわち，すべての児童生徒が到達すべき目標である。これは学力保障の立場から考えられたものである。したがって，「課程標準」においては目標の達成が目的とされ，それはいつ，何回目の試験でできたかは問われないことになる。ここにおいては，すべての児童生徒の到達という厳しい基準と個々人の事情に応じて，評価する時期，評価の回数を問わない柔軟な基準がバランスよく結合されている。この時点での「延ばす評価」（「延ばす判断」）は試験による評価，一部遅れている児童生徒に対する評価のみを指していた。

このように判断を「延ばす」という考え方は後に「延ばす評価」と呼ばれ，その内容も教師の実践によって充実していった。たとえば，厳育洪は低学年国語の朗読能力において「延ばす評価」が必要であると指摘し，「ある子はすぐに上手に朗読できるが，ある子はいろいろな原因で，朗読能力のレベルが低い。このような子に，より多く努力と進歩の時間と空間を与え，成長の過程を延ばす」[46]と述べた。児童生徒の発達状況は異なる。一部の児童生徒により長い時間を与えて，個別の指導とその子の努力によって目標に到達させることが重要である。このような「延ばす評価」は試験にとどまらず，教師の指導にもつながった。「延ばす評価」の目的は児童生徒が確実に目標に到達することだからである。

　さらに，「延ばす評価」を授業活動にも活用すべきであるとの主張が増えた。この時点の「延ばす評価」は児童生徒の解答をすぐに評価せず，フィードバックの時間を延ばして，その時間で児童生徒を揺さぶり，反省，探究などの自らの思考を引き出す。このような「延ばす評価」は児童生徒の創造的な能力，多様な思考，探究精神の育成に役立つ。たとえば，次の四つのような場面に「延ばす評価」を行うことが提案された[47]。第一に，答えは一つに限らない場合。第二に，問題への答えが間違っている場合。第三に，問題に答えられない場合。第四に，教師が児童生徒からの予想外の発言・質問にすぐ答えられない場合。このように，「延ばす評価」は単なる評価方法というよりも，むしろ教師の指導方法ととらえることができよう。

　こうした「延ばす評価」は「課程標準」の提言から提唱された。それは児童生徒の確実な目標達成と，遅れている児童生徒に前向きな学習と努力を促すように意図されていることがわかる。また，それが試験による評価と授業における発問・応答の評価に活用されることで，児童生徒により豊かな時間を与え，自らの思考能力と反省意識の育成がめざされていることがわかる。一人ひとりの児童生徒の差異を尊重し，すべての児童生徒の発達を保障する「延ばす評価」の提唱は素質教育における評価のよい成果だと言えよう。

まとめ

　以上のように，第3章は研究者の所論を検討することで，政府の取り組みが評価論研究に与えた影響を明らかにした。第1節では，新しい教育評価の概括概念である「発達的評価」に関する解釈を整理することで，「発達的評価」は，児童生徒の全面的な発達を促進することを意図する評価であり，その特徴は発達の促進の評価機能，全面的な評価内容，多様な評価方法，多元な評価主体という特徴について共通に理解されていることがわかった。しかしながら，このような新しい教育評価が基づく価値観と評価モデル，およびそれらの評価論における位置づけなどの問題については意見が分かれていることも明らかとなった。こうした議論は国際的な評価論研究の動向を踏まえたものであることも明らかとなった。

　第2節は評価モデルに関する研究に注目し，二つの評価モデルの提案を考察した。まず，自己評価を中心に据えながら，ほかの評価と結合して教育評価を行う「自己接受評価」の提案を検討するなかで，単に児童生徒を評価の主体とし，評価基準の設定への参加を促すだけではなく，児童生徒の自己評価能力の向上によって主体的に学習と評価を行い，主体性を発達させることをめざしたものであることがわかった。そして，他者評価の評価基準と評価結果に児童生徒が合意することで，評価が児童生徒の内的な学習動機となる契機となり，次の学習の改善と成長へとつながる。このような自己評価と児童生徒が受け入れる評価は「発達的評価」に新しい観点を提供すると指摘した。

　次に，「目標を中心とするカリキュラム評価」，「過程を中心とする実施の評価」，「結果を中心とする効果の評価」という三つの独立しながらも緊密な関連をしている部分からなり，それぞれ螺旋状に上昇する「発達的評価」のモデルを考察した。これにより，三螺旋型評価は目標評価とゴール・フリー評価の二項対立関係を乗り越え，目標を参考としつつも，目標に限定されない活動や学習の成果も評価し，教育活動の実際の状況の把握，調整，教育の全過程への注目を促すものであること，また，そのために計画性と現実の多様性を統合しようとするものであることが明らかとなった。

　このような評価モデルに関する研究を明らかにしたうえで，第3節では評価

目標の構造をめぐる議論に着目し，評価目標に関する研究の動向を考察した。児童生徒への評価における基礎発達目標と教科学習目標の関係については，「包含」，「独立」，「交差」という三つの構造が主張されている。基礎発達目標は単に教科学習目標の基礎的な部分ではなく，教科学習では獲得できない目標も含むという交差型の意見は，基礎発達目標の提起の意味を十分に踏まえたものであることが明らかとなった。このような交差型目標構成に基づいて設定された評価目標を検討することで，基礎発達目標と教科学習目標に基づく評価の具体的なイメージが明らかとなった。しかしながら，基礎発達目標に基づく評価について，教科担任制である中国の学校教育現場において，だれが，どの時間で評価するのかについてはさらなる検討を要すると指摘した。

　第4節では評価方法に関する研究の展開を考察した。評価改革に関する政策が公布されて以来，多様な評価方法に関して研究がされてきた。とりわけ，パフォーマンス評価法，ポートフォリオ評価法などは質的な評価として，2002年頃から海外の研究と実践の紹介が行われてきた。そして，2007年に研究がピークを迎え，これらの評価方法が初等・中等教育におけるさまざまな教科で活用されている状況が明らかとなった。同時に，形成的評価の機能を軽視し，頻繁にテストを行う傾向を克服する「即時的評価」と，一人ひとりの児童生徒の差異を尊重し，すべての児童生徒の発達を保障する「延ばす評価」という評価改革から生まれた特色のある評価方法や評価理念が現れていることも明らかとなった。

　以上の評価概念，評価モデル，評価目標と評価方法に関する研究を考察することで，評価論研究は評価改革の取り組みから大きな影響を受けていることがわかった。そして，研究者は国際的な研究動向に注目しながら，評価改革の現実を踏まえて，特色のある評価研究を模索しているという様相も明らかとなった。しかしながら，「発達的評価」の位置づけや評価観のさらなる明確化，目標構造についての解釈の違い，パフォーマンス評価法の実効性を高める研究について未だ不十分な点があるなどの課題も明らかとなった。

　以上のような評価論研究は評価改革が提唱した教育評価の可能性を広げ，学校における評価実践にも新しい視点を提供した。次章では，学校教育現場において具体的にどのような評価の改革実践が行われているかを見てみよう。

1) 原語は「発展性評価」である。児童生徒の「発達」と学校の「発展」は中国語で同じ「発展」を使うので,「発展性評価」は児童生徒の発達と学校の発展を促進することを目的とする評価を指す。本書は児童生徒に対する評価を中心にするため「発達的評価」と訳した。
2) 王斌華『発展性教師評価制度［発達的教師評価制度］』華東師範大学出版社, 1998年。
3) 董奇・趙徳成「发展性教育评价的理论与实践［発達的教育評価の理論と実践］」『中国教育学刊』2003年8月。
4) 劉川「发展性评价的实践与思考［発達的評価の実践と思考］」(『教育研究』1999年3月), 王卓「教师发展性评价与奖惩性评价的关系［教師の発達的評価と賞罰的評価の関係］」(『中国教育学刊』2003年1月), 龔孝華「教育评价主题：促进人的发展［教育評価のテーマ：人間の発達を促進する］」(『教育理論と実践（学科版）』2003年第9期), 李玉恒「论发展性学生评价［発達的児童生徒評価を論ずる］」(『南陽師範学院学報（社会科学版）』2005年2月), 劉志軍「发展性教育评价探微［発達的教育評価の探究］」(『基礎教育課程』2005年2月), 龔孝華「教育评价的价值取向：基于生存论视阈的思考［教育評価の価値志向：生存論視点に基づく思考］」(『教育導刊』2006年7月), 張文「论发展性教育评价的价值取向及其评价观［発達的評価の価値志向と価値観を論ずる］」(『当代教育論壇』2006年第12期)。「発達的教育評価」と「発達的児童生徒評価」という語でインターネット図書館を使って検索すると100編の研究論文が見られる（中国期刊全文数据库http://www.cnki.net 2013年2月25日確認）。上記のような「発達的評価」の定義, 特徴, 哲学の基礎などを論じる代表的な論文を取り扱い, 検討する。
5) 王, 上掲論文4。
6) 龔, 前掲論文4。
7) 劉志軍『走向理解的课程评价［理解的な課程評価に向けて］』中国社会科学出版社, 2004年, 65-72頁を参考。
8) 張, 前掲論文4, 23頁。
9) 鐘啓泉ほか編『为了中华民族的复兴为了每位学生的发展《基础教育课程改革纲要（试行）》解读［中華民族の復興のため・一人ひとりの学生の発達のため「基礎教育課程改革要綱（試行）」の解読］』華東師範大学出版社, 2004年, 283-286頁。
10) 同上書, 303頁。
11) 同上書, 285頁。
12) 丁朝蓬『新课程评价的理念与方法［新課程評価の理念と方法］』人民教育出版社, 2003年, 76頁。
13) 同上書, 76頁。
14) 劉万海「论课程评价范式发展的趋势与特征［課程評価パラダイム展開の動向と特徴を

論ずる]」『課程・教材・教法』2002年第1期。
15) 李雁冰『课程评价论［課程評価論］』上海教育出版社，2002年，61頁。
16) 鐘，前掲書，301-302頁。
17) 張民選「回应，协商与共同建构——"第四代评价理论评述"［応答，交渉と共同構成——「第四世代評価」の評価論述］」(『外国教育资料』1995年第3期) と卢立涛「回应，协商与共同建构——"第四代评价理论评述"［応答,交渉と共同構成——「第四世代評価」の評価と論述］」(『内蒙古师范大学学报（教育科学版）』2008年8月) を参考。
18) ラルフW.タイラー著，施良方訳『课程与教学的基本原理［カリキュラムと指導の新しい基本原理］』人民教育出版社，1994年（Tyler, R.W., *Basic Principles of Curriculum and Instruction*, University of Chicago Press, 1949)。
19) 評価は12のステップからなる。①契約，②評価の実施に向けての準備，③ステイクホルダーの特定，④初歩的な共同構成，⑤評価状況と新しい情報による共同解釈の拡大，⑥未解決の要求，懸念，争点の見出し，⑦評価項目の優先順位の決定，⑧情報収集，⑨交渉議題の準備，⑩交渉，⑪報告書の提出，⑫再循環（劉志軍，前掲書，144頁）。
20) 「第四世代評価」の提案について，評価機能と適用範囲が曖昧である，ステイクホルダーが複雑であれば，平等な環境で交渉・相談を行うことは実現可能性が低い，客観性と絶対性を批判する一方で主観主義になりがち，などの点からの批判の意見や「評価理論というより，新しい評価方法だ」という指摘も見られる（卢の前掲論文，5頁と張の前掲論文，59頁）。
21) 李，前掲書，58-61頁。
22) 丁朝蓬・郭瑞芳「20世纪课程评价理论的发展评述［20世紀課程評価理論の発展に関する評価と論述］」『課程・教材・教法』2005年4月を参考。
23) 李，前掲書，309頁。
24) 同上書，310頁。
25) 劉志軍『走向理解的课程评价［理解的な課程評価に向けて］』中国社会科学出版社，2004年を参考。
26) 同上書，167頁。
27) 同上書，168頁。
28) ③は王の作成した図であり，筆者がそれを参考に①と②を作り，あわせてこの基礎発達評価目標と教科学習評価目標の関係図を作成した。王斌興編『新课程学生评价［新カリキュラムにおける児童生徒評価］』開明出版社，2004年，25頁。
29) 胡中鋒編『教育测量与评价［教育測定と評価］』広東高等教育出版社，2006年3月，第2版，312頁。
30) 王斌興の前掲書で扱う「一部の論者」の主張である（王，前掲書28，73頁）。

31) 周衛勇編『走向発展性課程評価──談新課程評価改革［発展性課程評価へ向けて──新課程の評価改革について］』北京大学出版社，2002 年，35-36 頁。
32) 王，前掲書 28，28 頁。
33) 論文名でなく，キーワードで検索すると，それぞれの論文数は 2 倍から 3 倍になる（パフォーマンス評価法 323 編，ポートフォリオ評価法 524 編）。中国期刊全文数据庫 http://www.cnki.net（2013 年 2 月 25 日確認）。
34) 2011 年の論文は 2011 年 10 月 27 日までのものを指す。
35) 楊莉娟（研究代表者）「基礎教育課程改革推進過程中我国教師适応性状况的调查研究［基礎教育課程改革の推進におけるわが国の教師の適応状況に関する調査研究］」（中央教育科学研究所 2008 年科学研究基金補助）2009 年，103 頁。
36) 馬雲鵬「数学学習中的表現性評価［数学学習の中のパフォーマンス評価］」『小学青年教師』2003 年第 4 期，9 頁。
37) 王斌興「論課程実施中学生表現性評価［カリキュラム実施における児童生徒のパフォーマンス評価］」『教育探索』2005 年第 7 期。
38) 羅国忠「科学探究的表現性評価及其有効性研究述評［科学探究におけるパフォーマンス評価とその妥当性の研究］」『全球教育展望』2008 年第 12 期，73 頁。
39) 王，前掲論文 37。
40) 「配置的評価（Placement Evaluation）」は中国語で「定位的評価」「前置的評価」と言い，教育活動が始まる前に，児童生徒の発達の差異を判断し，児童生徒を適切に配置する評価である。とりわけ児童生徒の潜在能力，成績，興味などの面での差異によって，グループに分けて授業を行うための評価である。たとえば，陳：配置的評価→形成的評価→診断的評価→形成的評価→総括的評価（陳玉琨著『教育評価学［教育評価学］』人民教育出版社，1999 年 12 月第 1 版，56-60 頁），王：前置的評価→形成的評価（即時的評価，組織的評価）→総括的評価（王，前掲書 28，45-57 頁）。
41) 周，前掲書，23-24 頁。
42) 王，前掲書 28，51-55 頁。
43) 同上書，53 頁。
44) 同上書，53-54 頁。
45) 中国語原語は「延時評価」，「延時性評価」または「延遅評価」という。評価するまでに時間がある，または即時にフィードバックしないことを意味する。
46) 厳育洪編『新課程評価操与案例［新課程評価の操作と案例］』首都師範大学出版社，2006 年，105 頁。
47) 胡忠友「数学：数学課堂在"延時評価"中精彩［数学：数学の授業は「延ばす評価」で輝く］」『中学数学教学参考』2007 年 8 月，6-8 頁。

第4章
教育評価の具体像

本章では，評価改革が学校教育現場でどのように実施されているかを明らかにする。そのために，まず第1節では教育部の調査報告を整理する。これにより評価改革の実施状況の全体像を把握する。第2節では北京市光明小学校の実践例を取り上げ，評価改革の具体像を明らかにする。第3節では今回の評価改革の目玉となる「総合的素質評価」の実施状況を具体的に考察することで，「総合的素質評価」の現状と課題を明らかにする。

第1節　教育部の調査報告に見る実践の様相

　2001年，新しいカリキュラム改革を実施して以来，教育部は実施状況を把握するために，数回の大規模調査を行った。たとえば，2001年12月，2003年3月と2004年12月の3回の追跡調査が行われた[1]。加えて，2005年から2006年まで，教育部は中央政府のほかの機関と共同して「素質教育に関する系統的な調査研究」を行った[2]。このなかでは，試験・評価制度改革が重要な部分であった。とりわけ，2002年12月，教育部・教育部基礎教育課程教材発展センターは実験区における教育評価改革の状況を調査するため，国家基礎教育課程改革「教師の発達と児童生徒の成長を促進する評価研究」グループ（以下「評価研究グループ」と略す）を編成した。同グループの下で，教育評価改革の現状が広範に調査された[3]。そこで，本節では「評価研究グループ」による調査結果を中心に，カリキュラム改革追跡調査，素質教育調査研究およびカリキュラム改革実験区からの報告[4]を参照し，学校における評価改革の推進状況を明らかにする。

1　評価観，評価内容，評価方法における改革と変化

　こうした一連の調査において，教師と児童生徒に関するアンケート調査が実施され，学校において多様な評価改革が行われ，大きな変化が起こっていることが報告されている。これらの変化は主に次の5点にまとめることができる。
　①児童生徒の発達を促進することを目的とする評価観が広く受けとめられている。評価機能は，従来の児童生徒の選別・選抜から，児童生徒への激励，

学習と指導の改善へと転換している。児童生徒の集団に準拠した比較ではなく,「国家課程標準」に準拠した評価と個人内評価が実施されている。「各実験区の学校は 100 点満点制の評価制度をほぼ廃止し,段階評価制度を採用している」[5],「70% の児童は『先生がつねに評語を書いてくれる』,また,自分の学級での成績に関する順位がわからないと答えている」[6]と報告されている。ここで,「『評語=優れた点+激励』の評価を行っている」[7]とされるように,評価の激励,診断,改善の機能が重視され,点数へのこだわり,成績の比較による相対評価の意識が弱まっていることがわかる。このように,教師は児童生徒が成功を自覚できる機会を作り,激励の言葉で評価している。

②評価内容が全面的なものへと展開されている。たとえば,「児童生徒の教科学習状況の評価表において,知識と技能の把握だけではなく,過程と方法,感情・態度と価値観といった目標の実施状況が評価されている実験区や小学校がある」,「教科共通の能力(たとえば情報収集・処理能力,新しい知識の獲得能力,批判的思考力)と感情・態度の評価を重視している学区が多数ある」[8]といった現状が報告されている。この例からわかるように,評価内容は知識だけではなく,能力や感情・態度と価値観といった内容も重視されている。また,児童生徒の多方面の能力も評価されるようになった。このように,多くの教師は結果よりも過程を重視するようになった。教師は即時的で多様な評価方法を用いることで,児童生徒の学習過程と傾向を把握し,アドバイスを与え,児童生徒の発達を促している。

③試験のほかに,多様な評価方法が採り入れられるようになった。教育部の追跡調査において,評価方法に関するアンケート調査に対し,「評価方法の多い順から,1 位は『日常観察』,2 位は『テストと試験』,3 位は『成長記録袋(ポートフォリオ)』」[9]と回答が示されている。とりわけ,ポートフォリオ評価法について一部の教科において次のような活用事例が報告された。「数学の学習においてポートフォリオを使用することで,生徒の応用意識と応用能力を評価した。数学の学習への興味を引き起こし,数学の素養と能力を育成した」,「科学探究活動のポートフォリオの記録を用いて,子どもは自己評価と反省を行い,学習の改善ができた」,「作文におい

てポートフォリオを使用し，初稿，修正稿，完成稿およびそれに関する評価と反省記録を収集することで，子どもは進歩を確認し，自信を持つようになった。その結果，作文能力が確実に上がった」[10]。このように，評価方法は，従来の筆記試験以外に，観察，宿題，ポートフォリオなどの方法が用いられるようになり，多様化している。特にポートフォリオ評価法は質的な評価方法として重視され，積極的に多様な教科で採用されている。

④自己評価，相互評価によって評価主体が多元化している。児童生徒の自己評価，教師による評価，クラスメートによる評価，保護者による評価を結合した「四つの心のつながり」[11]という評価形式が多くの学校で実施されている。とりわけ，児童生徒の「成長記録袋（ポートフォリオ）」において，このような4種類の評価主体による評価が一般的に行われている。口頭試験の採点においては教師による評価だけでなく，児童生徒からの評価を導入する例もある。

⑤児童生徒の発達に応じた多様な期末試験が開発されている。筆記試験においても「試験用紙の名称」，「試験問題の内容」，「試験問題の形式」などの面が大きく変わっている[12]。いずれも児童生徒が楽しく解答できる明るいイメージのテストになるように工夫されている。そして，「試験の形式」，「試験の回数」，「試験の難易度選択」も大きく変化している。試験の形式は従来の筆記試験のほか，児童生徒が出題した試験[13]，資料の持ち込みが可能な試験（開巻試験）[14]，資料を調べたりする必要があるインターネット上での試験（特定の試験場所なし）[15]も見られる。また，試験問題は難易度別に2，3種類に分けられ，児童生徒が選択できるようにされている[16]。さらに，1回だけではなく，自分の成績に満足しない児童生徒や，もっと難しい問題に挑戦したい児童生徒を対象に，2回目，3回目の試験のチャンスを与える実践も行われている[17]。

以上，教育部による調査研究報告が示しているように，学校における評価改革が急速に行われていることがわかる。評価機能は，従来の児童生徒の選別・選抜から激励，学習と指導の改善へと転換されている。教師は多様な評価方法を用い，児童生徒を全面的に評価している。そして，自己評価と他者評価を導

入することで，評価主体が多元化している。このように，学校における教育評価は，評価観，評価機能，評価内容，評価方法，評価主体などの面で大きく変化していることが明らかとなった。

2　学校における評価改革に起こっている問題

教育部の調査報告において，以上見てきたような望ましい変化と同時に，さまざまな問題も起こっていることが報告されている。こうした問題は次の5点にまとめることができる。

①評価の選別・選抜機能が依然として強調されている。成績の順位づけとその発表を行う学校がまだ存在する。学級において「2年生では29.2％，7年生では37.6％，8年生では65.5％」[18]の児童生徒が自分の成績順位を把握している。このように，学年が上がるにつれて，児童生徒とともに教師も成績順位を意識するようになる。高校の入学試験は依然として点数（100点満点か150点満点）制度であるため，中学校は100点満点制に戻すべきだと主張する教師と保護者も多い。

②「感情・態度と価値観」に関する評価の実施は適切ではない。「感情・態度と価値観＝学習の興味」として評価する実践や不当に定量化を試みる実践もある[19]。現状において，「感情・態度と価値観」の内容，評価方法を教師が十分に理解しないまま，実践が行われていることが報告されている。

③ポートフォリオ評価法が順調に活用できていない。前述のように，ポートフォリオ評価法は児童生徒を総合的に評価するべく，多くの教科で導入されている。しかしながら，ポートフォリオの使用は教師の負担を増やしたとする意見もある。「40人余りのクラスの児童生徒の記録を評価し，個別に指導意見などを交流することは難しい」，「せっかく収集した情報でも整理・分析が行われなかったため，ポートフォリオは『ゴミ袋』」と揶揄されることもあった[20]。使う必要性や目的が不明確なまま，流行に任せてポートフォリオ評価法を使う実践が見られた。表4-1に整理したとおり，ポートフォリオ評価法について意見が対立している。

④多元的な評価主体が評価を行うため信頼性が低い。評価主体はなぜこの点

表4-1 ポートフォリオ評価法の活用に関する議論

賛成者	反対者
・児童生徒の発達の全過程を重視する。 ・比較的，真正な情報と証拠を提供できる。 ・多方面から児童生徒を評価できる。 ・観察記録，活動記録，調査報告，作品と成長記録などの多様な形式で評価できる。 ・異なる評価主体からの評価が可能で，多角的な評価ができる。 ・評価は個人に対するもので，的確に対応できる。 ・児童生徒に成功と進歩の体験をさせられる。 ・自己反省能力を育成する。 ・学習における数量化できない価値を発見できる。	・作業する負担が大きく，時間がかかりすぎ，中国の多人数学級の実態に適用しない。 ・各教科でポートフォリオを作ると，新奇さがなくなり，児童生徒が飽きてしまう。 ・質的な評価は実行しにくく，形式的なものとなりがちである。 ・内容が多すぎて，選択しにくく，整理しにくい。 ・評価は主観性が強すぎて，客観，真正，公正なものになりにくい。 ・保存したポートフォリオは中国独特の試験問題紙の積み重ねになる可能性がある。 ・質的な評価方法は教師の高い評価技術を求めるため，実際の教師は対応できていない。

出典：蒋碧艶・梁紅京編『学习评价研究：基于新课程背景下的实践［学習評価研究：新カリキュラムを背景にした実践に基づいて］』華東師範大学出版社，2006年，73-74頁を参考に筆者が整理した。

数なのか，理由・根拠を明示せずに評価するため主観的である。すなわち「自己評価の部分が形式的になりがちで，児童生徒自身が自己評価能力を十分に身につけていないため，『〜が下手だ』，『もっとがんばらなきゃ』といった中身のない評価にとどまっている」点，「必要な指導，評価内容・基準について，評価への参加主体に対し教師が十分に説明していない」点などの問題が報告されている[21]。

⑤「激励」する評価を多用，誤用，濫用する問題が起こっている。評価改革では評価の激励の機能が強調され，児童生徒の進歩やすぐれた点を発見し，評価することが提唱されている。しかし，激励が褒めることと同義に受け取られ，評価としての激励の機能が的確に理解されていない。さらに，児童生徒の誤答や失敗に対し，原因の特定や正すための指導が行われないまま励ますといった「激励」する評価の誤用，濫用が見られた。たとえば，ある授業において，教師の質問にある児童が正確に答えると，みんなが「すごい！ すごい！ すーごーい！」とリズムよく拍手しながら一斉に称賛するルールが定められていた。この授業ではこのような「安易な激励」が十数回も行われた[22]。この事例は極端ではあるものの，「激励＝褒める」と思う教師は確かに多い。報告において「今，児童生徒の間違いを素直に指摘

できなくなっている」[23],「褒めるばかりで, 児童生徒は挫折に耐えられなくなる」[24]といった「激励」する評価の多用に疑問を持つ指摘も見られる。

　以上, 教育部の評価改革に関する調査報告を整理することによって, 学校での評価改革の現状が明らかとなった。学校において教育評価は評価観, 評価機能, 評価内容, 評価方法, 評価主体などの面で大きく変化している。評価機能は, 従来の児童生徒の選別・選抜から児童生徒の激励, 学習と指導の改善に転換されつつある。教師は多様な評価方法で, 児童生徒の多方面の能力も含むより全面的な内容を評価している。そして児童生徒の自己評価, 相互評価, さらに保護者による評価が行われ, 評価主体が多元化している。

　しかしながら, 学年が高くなるほど従来の「応試教育」の評価観が根強く残っているという問題, 児童生徒の「感情・態度と価値観」という新設された評価内容をどのように評価すべきなのかという問題, ポートフォリオ評価法などの新しい評価方法を適切に用いることが抱える困難, 多元的な評価が抱える信頼性の問題,「激励」する評価を乱用する問題など, 新しい評価理論が十全に機能していないという課題も同時に明らかとなった。

　なお, 以上の整理によって, ここで評価改革の推進には二つの側面からの課題が残されている点を指摘しておきたい。

　第一に, 評価改革が提唱する新しい評価観, 評価理論を的確に実践するには何が必要なのかという課題である。たとえば, 初等・中等教育において, 日常的な教育評価が改善されると同時に, 中学校から高校, 高校から大学へと進学する際の試験制度・募集制度が改革されなければならない。また,「感情・態度と価値観」の評価や「激励」する評価の問題, ポートフォリオ評価法などの評価方法の活用に関する問題を解決するには, 十分な教員研修が必要となる。試験制度と教員研修制度の改革によって, 学校における評価実践が単なる形式的な模倣ではなく, その真髄を理解したうえで行われる実践が増えるだろう。

　第二に, 評価改革が提唱する理念そのものに問題がないのかを再検討するという課題である。たとえば, 段階評価は本当に100点満点制よりもよいのかという点について, 次のように考えることができる。中国は1950年代に, ソ連式の評価を取り入れた際に, 100点満点制から5段階評価に変わった（第1章を

参照)。しかし,評価基準が曖昧で,主観的なものになりがちであるといった原因から,100点満点制に戻った。現在,100点満点制の廃止と段階制の提唱が再び行われている。現在の段階制は,相対評価に基づく段階制なのか,あるいは目標に準拠した目標準拠評価の段階制なのかという点について,まず明確にしないといけないだろう。仮に,相対評価に基づく段階制であるなら,「段階制のやり方は児童生徒に対する分類を強化している」[25]という指摘にも見られるように,一面では評価の「後退」と言える。その一方で,「目標に準拠した100点満点制は,児童生徒に自分の目標との差をより明確に示し,学習改善が促される」[26]。そのため,段階制と100点満点制の是非を検討するのではなく,これらがどのような評価観に基づくものなのかをまずは問わなければならない。現状の段階制は,単に点数から段階に換算されているものが多く,点数や順位づけに対する過剰な注目を是正する手段となっている。他方で,目標に準拠した段階制を採用するのであれば,ソ連式5段階目標準拠評価の問題点をどのように克服するかに関して検討が必要となる。

　また,ポートフォリオ評価法の活用に関しては,質的な評価方法と従来の筆記試験による量的な評価方法をどのように有機的に結合できるかという課題が考えられる。さらに,児童生徒のすぐれたところを発見し,個性と可能性を伸ばすための多様な評価基準が強調されると同時に,学力を保障する基本的で統一的な評価基準も明確にしないといけないだろう。これらの問題はただ学校における評価実践の展開で解決できる問題ではなく,素質教育における教育評価のあり方そのものを再び検討しなければならない課題である。

　以上,教育部の調査報告から実験区における教育評価改革の様相を明らかにした。次節では,教育改革の最前線に立っている光明小学校における評価改革実践から,評価改革の具体像を明らかにしたい。

第2節　光明小学校における評価改革の実践

　光明小学校は北京市の中心部にある公立小学校である。素質教育の実施以降,1996年に光明小学校は「わたしはできる(我能行)」教育という教育モデルを打ち出した。学校管理,教学,地域との連携などの面で改革を進め,素質教育

を実施した。特色のある学校として光明小学校での素質教育実践は注目を浴び，新聞やニュースを通じて全国で大きな反響が巻き起こった。

　2001年から「わたしはできる」教育において，児童生徒に対する評価が改革され始めた。北京師範大学の教育実験基地でもある光明小学校は教育評価の専門家の指導を受け，北京市の評価研究プロジェクトに参加し，「『わたしはできる』教育における評価方略と方法の研究」という課題を担当した。「児童の成長的評価に関する研究」，「教師の発達的評価に関する研究」，「授業教学評価に関する研究」など，評価改革の研究と実践を行った。その結果の一部として，「光明小学校児童成長手帳（光明小学学生成長手册）」，「光明小学校における授業教学評価表（光明小学課堂教学評価表）」，「光明小学校における試験評価の規則（光明小学考試評価条例）」などが開発された。

　このように，光明小学校は素質教育の成功モデルであるとともに，評価改革を積極的に追求する学校である。本節において，光明小学校に焦点を当て，どのような評価実践が行われているかを考察することで，素質教育をめざす評価改革の具体像が見えてくるだろう。なお，ここでは日常的な評価と学期末試験における評価改革の実践を取り上げる[27]。

1　日常的な評価

　日常的な教育活動のなかでは，口頭での評価，宿題の評語，授業中・授業後のメッセージなどの評価方法で，毎日の児童の学習活動，学習の成果と学校生活が記述され評価される。低学年では「解答スター」，「宿題スター」，「労働スター」，「自己管理スター」などの十数種類の栄誉名称を設けて，児童の全面的な発達を促している。高学年では児童一人ひとりに対し褒めカードを作り，保護者との連絡手段としてよく使われる。授業の間の休憩時間，または昼休みの時間にその日における児童の良い点を記述する。同じように「メッセージ」での評価も実施され，教師は授業中でも授業後でも児童の良い点や気になった点を時間にかかわらず記入する。メッセージを送るように小さい紙に記入し，その日のうちに児童に渡す。

　また，宿題に対しても評語で評価する。宿題のチェックとその評価だけでは

なく，教師がその児童に伝えたいことをそこに書く。たとえば「今日，1年生の子を学校の男子トイレに連れていってあげたのを見て，本当に嬉しかった」などである。教師が毎日5人以上の児童の宿題にこのような評語を書くように学校が規定している。以上のような評価は，「Mくんは最近，授業中とても集中し，挙手し発言も多い！ お父さん，お母さん，M君の進歩に拍手しましょう！」，「Kちゃんが使う鉛筆は色が薄くて，視力によくないので，HBの鉛筆に替えてあげてください」といったように，気になる点をすぐに児童または親に伝えるという方法で行われている。

このような評価方法によって，日常的に児童の学習や学校生活を評価し，即時にフィードバックすることができる。また教師，児童，保護者の間で，情報の交流が活発になった。このような評価は，①時間，場所にかかわらない柔軟性を持つ，②児童の道徳の発達，学習の進歩など幅広い方面に対する評価である，③保護者との交流を深め，児童生徒の発達の情報をつねに共有することができる，④即時に児童の進歩を肯定し，自信をつけ，不足を指摘し，改善，調整を行うことで，児童が目標を明確にしながら学習することができるという特長を持つため，教師たちに好まれている。これらはまさに第3章で述べた「即時的評価」の好例であると言えよう。

では，前節の教育部の調査結果において指摘された「状況にかかわらず児童を褒める。児童の誤りに対し原因をはっきりさせず，正すための援助を行わないままただ励ますという『激励』する評価を乱用する」という問題に対して光明小学校はどのように取り組んでいるのか。同校では「激励」する評価について，次のように主張している。激励するには褒めるだけではなく，叱ることも必要である。褒めるときは，褒めることや奨励することによって児童をコントロールするのではなく，児童に「進歩した情報」を伝えることが目的である。したがって，「〜は昨日よりうまくできて，よかったです。『☆』をあげます」というように，褒めるところを具体的に示すことが重要であると指摘している。そして叱る場合も，児童の人格ではなく行為を叱り，不足を指摘する点が重要である。このように，同校では具体的な内容に即して「褒める」，あるいは「叱る」ことで，「激励」する評価が陥りがちな問題が克服されている。

以上のように毎日行う「即時的評価」のほかに毎月行う評価も設けられ，「児

資料4-1　光明小学校「児童成長手帳」（一部）

〈前書き〉「児童成長手帳」は「わたしはできる」教育において児童に対する発達的評価の措置である。成長の記録ともなるこの手帳は，児童，教師，保護者共同で記入し，児童の発達過程について形成的評価を行い，児童が元気に成長することを促進する。記入する際，①新学期の始まりに，1頁目の「自画像」や「成長目標」を記入し，それからは月に1回，時間どおりにまじめに記入する。そして，月末に児童と一緒に内容を振り返る。②長所と短所を客観的，全面的に評価する。提出する要求・目標は具体的で実行性があり，測定・考査可能なようにする。③文字はきれいに，誤字脱字がないように記入し，この手帳はつねに汚したり紛失したりしないように保存する。

自　画　像
わたしの誕生日：＿＿＿＿
わたしの趣味：＿＿＿＿
わたしの長所：＿＿＿＿
わたしの担当：＿＿＿＿

わたしの成長目標
・わたしは＿＿＿＿のスターになりたい。
・わたしは＿＿＿＿習慣をつけたい。
・わたしは学習において＿＿＿＿できるようになります。
・わたしは＿＿＿＿技能を身につけます。

9月　1カ月がたちました…

わたしはできた	改善すべき
今後に向けて	

ほかの人からの評価を聞きましょう

	クラスメート	保護者	教師
スター			
行為習慣			
学習態度			
学習成果			
（自分が決める）			

注：本人の成長目標に照らして「とても良い」，「良い」，「がんばれ」で評価する。「がんばれ」の場合，説明をつける。

童成長手帳」が利用されている。資料4-1に示したように，「児童成長手帳」の前書きの部分で，この手帳の機能，使い方が次のように説明されている。9月の新学期の始まりに，児童自身が「わたしの成長の目標」を設定する。9月の終わりに「わたしの収穫」または「わたしはできた」という箇所に，1カ月の学習によって新たにできたことを書く。さらに「改善したい」という箇所に，この1カ月の反省を踏まえ，直していきたいことを書く。その後，教師が「今後に向けて」という箇所に指導意見などを書き込む。そして，友達，保護者および教師の評価が記入される。評語の言葉は「とても良い」，「良い」と「がん

ばれ」の3段階が使われており，とりわけ「がんばれ」については，その説明が必要とされる。このことは，なぜがんばらないといけないのか，どうがんばればいいのか，という評価の原因と改善方法を説明する仕組みになっていることを意味する。このように，毎月行う評価が同じようなプロセスを経て実施される。なお，11月の中間テストの成績，12月の期末テストの成績などの総括的評価の結果もここに記録されている。

　光明小学校では，2001年から「児童成長手帳」を使い始めた。この手帳は，自己評価を中心に，クラスメートからの評価，保護者からの評価，そして教師からの評価で構成される。目標設定，達成度，問題点をまとめるまでのプロセスは，すべて児童を中心にしている。とりわけ達成感と問題点，改善したい点を評価するプロセスは，児童が反省し，学習計画などを調整するプロセスでもある。これを通して同校の「評価の実施においては，児童が評価の主体であることを強調し，自己評価，自己反省，自己調整を主とする」評価改革の目標を実現することができるとされている。

　新しい評価改革においては自己評価の機能が非常に重視され，明確に示されている。第3章でも検討したように，児童の能動的な発達は，他者などの外部からの評価が自己評価と結合して初めてできるものである。「自己反省，自己調整習慣の形成によって，能動的に人生計画を立てることができる。生涯学習ができる条件になる」[28]。こうした自己評価と外部からの評価について，光明小学校は「自己評価は児童の発達を促進する重要な手段であり，外部からの評価では代替できない役割を果たしている」と述べている。同校での実践から，この改革が示す方向性を読みとることができよう。

　では，第1節で指摘した自己評価が形式的である，あるいは自己評価能力が形成されていない問題についてはどうだろうか[29]。この問題に対し，光明小学校の実践では，月に1回の頻度で，児童に目標と照らしてどのくらい到達できたかを考えるように促し，なぜ到達できないのかを踏まえて学習計画を変え，よりよく学習することが保障されていた。これにより，自己反省，自己調整能力を発達させることができたと考えられる。とりわけ，「わたしの成長目標」は児童が自分で定める目標であり，目標の達成に向けて努力し，自己評価を行いながら調整していくことが主体性の育成に寄与していよう。さらに，クラス

メートや保護者，教師からの評価は児童の自己評価の参考にもなる。そこで，児童の主観的な自己評価と他者からの客観的な評価から，よりよいメタ認知が育成されるだろう。さらに，毎月の月末に児童はほかの評価者と一緒に，その内容を振り返ることが求められる。ここでは評価主体の間で対話，相談が行われるため，児童がその評価結果を受け入れやすくなる。これはまさに第3章で取り上げた「自己接受評価」の実践例と言ってもよい。

しかしながら，「適切な自己評価基準は自己評価を成功させる保障である」[30]。児童が設定した目標に合わせ，自己評価の基準をどのようにして作るのか，また自己評価の基準は何か。この点について「児童成長手帳」だけではわかりにくいだろう。基準が明確でないと，評価が甘い，あるいは厳しすぎるという問題も起こってくる[31]。光明小学校においては，自己評価と友達との相互評価の原則に「君の長所はみんなで言う；わたしの短所は自分で言う」というものがある。換言すれば，「他人に優しく長所をよく見つけよう；自分に厳しく短所をよく見つけよう」という意味である。これを評価基準にすると，自己評価が厳しいものになる可能性が考えられる。

以上では，「即時的評価」と「児童成長手帳」による日常の評価を見てきた。次は総括的評価である期末試験の改革を見てみよう。

2 期末試験による評価

第2章で指摘したように，これまで総括的評価では「選別」と「順位づけ」という機能が過度に重視されてきた。そのため，期末試験は児童に大きな心理的圧力をかけていた。さらに，ここでの失敗は児童を傷つけ，学習への興味を失わせてきた。従来の試験は，児童に自分はどこがだめなのかを思い知らせ，プレッシャーに耐えてがんばることを強要するものであった。

これに対して光明小学校において改革された試験は，一つの学期の学習において何を習得することができたかを自覚させ，「わたしはできる」という学習の楽しさを体験させることをめざした。これにより，期末試験が愉快な気持ちと自信を持って新しい学習を迎える準備となるように改革を試みた。

そのために，低学年には①「娯楽式」試験，②「自由選択式」試験，③「相

互測定式」試験，④「わたしはできる」展示の特別試験を行う。

① 「娯楽式」試験。これは1年生の第1学期に行われる。入学後行われる初めての試験であり，試験に対するよい第一印象を児童に持たせるために，多くの工夫がなされている。まず，教室をまるでパーティーをするように風船やおもちゃなどで飾りつける。「試験とは何か」がわからない児童をリラックスできて快適な雰囲気のなかに置く。そして，児童に成績記録表を持たせ，ゲームをするように自由に各考査項目のところを回って試験を受けさせ，先生に「非常に良い」，「良い」，「がんばれ」といった評語を成績表に記入してもらう。さらに，その成績に納得できなければ，2回目の試験を受けることもできる。

② 「自由選択式」試験。これは1年生の第2学期に行われる。ここでは，試験問題は難易度別に3種類に分けられる。児童は自由に試験問題を選んで答える。2種類以上の試験問題に答えることもできる。試験問題がわからない場合は，クラスメートと相談することもできる。児童が試験の内容を把握できているかどうかを調べることがこの試験の目的であり，それが何回目の試験でできたか，またどのようにできたかは問われない。つまり，試験は成績をつける手段ではなく，再学習の過程となっているのである。したがって，児童がどの難易度の試験問題に解答するかにかかわらず，同じ評価が行われる。

③ 「相互測定式」試験。これは2年生で行われる。教師の指導のもと，自分が作った試験問題をクラスメートと交換し，互いに解答する。互いに答え合わせをして評価を加え，返却する。試験問題を作るために，資料の収集，整理，選択を行う過程は，児童にとって能動的な学習過程になっている。また，評価される立場から評価する立場への転換も，児童に「小先生」になった楽しさを感じさせ，学習する意欲を促進することを可能にしている。

④ 「わたしはできる」展示。これは国語と算数の試験が終了した翌日に行われる特別試験である。試験の内容は，絵を描く，楽器を演奏する，踊る，物語を作って話す，縄跳びをする，とんぼ返りをするなど自分の得意なことや，みんなの前でパフォーマンスしたいことのなかから，児童が自由に決めるという方針である。そして，ほかの児童が評価し成績をつける。こ

の成績も教科試験の成績のように正式に記入される。児童の得意なことを披露する試験であるため，評価される児童と評価する児童のそれぞれに達成感を与えることができ，好まれているという。

　以上の期末試験の改革実践が示しているように，光明小学校は従来の評価の特徴として批判されてきた暗いイメージ，すなわち，クラスメートを競争相手とみなし，お互いに相手を蹴落とそうという排他的で非教育的な状況を変えようとしていることがわかる。たとえば，低学年においては，クラスでより向上しようという同じ目標を立て，お互いに助け合い，努力し合う雰囲気のなかで，「わたしはできる」ということを自己認識させ，自信を持たせて学習させることをめざした。このような総括的評価は，集団に準拠した評価によって起こりがちな非教育的な競争を防ぎ，お互いに助け合う雰囲気のなかで教育目標の達成をめざすという，目標に準拠した評価の機能を十分に重視した結果と言えるだろう。

　それに対し，高学年では「項目別考査」と「総合評価」を行い，多様な評価方法で学期末における評価を実施する。「項目別考査」は学習過程の評価を重視し，教科学習において，個別の能力の考査や定期考査を行う。たとえば国語において，朗読能力，書写能力，口語コミュニケーション能力，情報収集能力と作文能力などの個別の能力が毎月考査される。そこでは，段階別評価で成績がつけられる。他方「総合評価」は学期末において，授業中の評価，宿題，毎月行った考査と期末試験の成績が一定の割合で計算され，成績が決められる。

　期末試験は，筆記試験と口頭試験，特別試験からなっている。筆記試験の内容は，改革における中心課題とされている。たとえば，英語の試験問題では，内容の難易度別にAとBの2種類に分けて用意される。児童は，自分の状況に合わせてどちらかを自由に選ぶことができる。

　口頭試験は，コミュニケーション能力，表現能力，協力能力などの考査を中心に行われる。たとえば国語の口頭試験では，児童は自由に二人ずつ組になり，試験の場で試験問題を抽選し，5分間ほど準備した後，試験問題の指示にしたがって協力しながら解答をする。教師とほかの児童はそれについて評価を行う。また，低学年でも行っていたような特別試験も行う。しかも児童には試験のチャ

ンスを2回以上与える。児童がもっといい成績を取ろうと思えば，もう一度試験を受けることができる。児童の希望によっては，学期間の休みの後，つまり新学期の初め頃に受けることもあるという。

　このような高学年の評価の特質は，次のようにまとめることができる。まず，学習の結果だけではなく，学習の過程も重視されている点である。次に，考査は順位をつけるためではなく，問題の選択の権利を与えるなど児童の差異を十分に考慮するとともに，評価の状況について自己認識させることで，自ら向上しようとする意欲を引き出す評価となっている点が挙げられる。さらに，平素の学習の過程を重視して，口頭試験が行われている。口頭試験における二人組という形式は，児童のコミュニケーション能力と協力する能力を評価するだけでなく，その能力を発達させる機会にもなっていると考えられる。また，試験を2回以上受けられることは，「改善」という評価の機能を端的に表している。たとえば，新学期に同じ試験内容で2回目の試験を受けられるのであれば，休みの間に計画的に学習を改善することができるからである。

　以上見てきたように，光明小学校における評価改革は，評価に伴う暗いイメージを払拭し，児童の立場に立ち，児童が受けやすい評価方法でより全面的に評価することによって学習の改善と能力の発達をめざすものであった。そのために，各学年には，それぞれの児童の特徴が考慮され，それにふさわしい評価方法が用いられ，各教科の知識と問題解決能力，コミュニケーション能力，協力する能力など，能力の全面的な発達を促す評価が行われていたのである。

　しかし，低学年において「試験中にわからない場合は，クラスメートと相談することもできる」という点に対し，児童が自分で解答できたのか，クラスメートと相談し正答を出したのかが解答用紙からではわからない。また，相談したうえで，本当に理解ができているのか否かについても判断できない。そのため，試験をするときはやはり相談禁止だと主張する教師もおり，自力で試験問題を解く方向へと変わる傾向も見られる。

　また，高学年において，「試験問題が選択できる」ことについて，選択の自由は児童にあるため，易し過ぎる試験問題や難し過ぎる試験問題を選んだりする場合がある。その結果，児童の実際の学習状況を把握するのが難しいという問題も起こっていた。そこで，試験問題を同じ難易度にし，試験問題の形式だ

けを変え，児童自身が答えやすいと思う問題を選択するという試みがなされていた。

　ここで，光明小学校の実践について検討の余地がある点として三つの問題点を指摘しておきたい。

　第一に，すべての児童が到達すべき目標と，その評価基準を明確にする必要があるという問題である。「わたしはできる」教育はすべての児童に「わたしはできる」という達成感と自信をつけるため，個性や個々に応じた基準が強調されている。しかし，「わたしはこれができないが，あれはできる」という異なる角度で児童に自信をつける評価を行うと，逆に「あれができるから，これができなくてもいい」となる懸念があろう。したがって，すべての児童がどこまでは最低限できなくてはならないのかという基本的で統一的な基準の明示が必要である。これらの目標と基準によって，「わたしはできる」となるように教師の指導の工夫と児童の到達目標への努力が求められる。このように考えると，前述の相談可能な期末試験は，やはり自力で解答する必要がある。これにより，児童の学力水準を的確に把握することができよう。そして，難易度別の試験問題においても，易しい試験問題は児童がその学年で到達すべき基本的な到達目標に即した問題作成でなければならないだろう。

　第二に，学習過程を重視し，過程の評価として行う「項目別考査」の位置づけに関する問題である。「項目別考査」の成績は「児童成長手帳」に記入され，「総合評価」の一部になる。これが児童の学習状況を把握し，教師の授業と児童の学習を改善するための形成的評価であるなら，成績を記入し，「総合評価」の一部とすることは不適切である。逆に，これを総括的評価だと位置づけるのであれば，学習の途中の成績を総括的評価の結果とすることは，その児童の学年修了時の学習状況を判断することには不適切である。したがって，形成的評価だと思われる「項目別考査」は確かに重要であるものの，その結果を「総合評価」に入れることについては再考が必要であろう。

　第三に，激励や改善のための評価について，より深い理解が必要である。教師が即時的な評価や「激励」する評価について語っている場面は，児童の生活習慣やしつけに関する指導が多い。たとえば，前述のように，教師は児童に「今日，1年生の子を学校の男子トイレに連れていってあげたのを見て，本当

に嬉しかった」とメッセージに書く実践が激励的評価の例として取り上げられた。しかし，こうした内容よりも，児童が学習において，どのようにつまずいたか，どのようにつまずきを乗り越えたかなどについての評価にもっと注目すべきだったのではないか。つまり，どの範囲のものを「評価」対象とすべきかを明確にする必要があると指摘しておきたい。広義に理解すると，ある判断を行うことはそのまま評価になると言える。しかし，あくまでも教師の授業の改善と児童の学習の改善につながる形成的評価という立場から，激励や改善のための評価をとらえる必要があるだろう。

第3節　入試制度の変化による「総合的素質評価」の展開

第1節，第2節から，評価改革の全体像と学校教育現場での具体像を明らかにした。本節は，今回の評価改革において新しく提唱された「総合的素質評価」に焦点を当てる。「総合的素質評価」の現況を明らかにし，それが抱えている課題を指摘したい。

1　「総合的素質評価」の実施

2002年に，評価改革の重要文書「教育部による初等・中等教育評価と試験制度の改革を積極的に推進することに関する通知」（「通知」）が公布され，児童生徒評価は「教科学習目標」と「基礎発達目標」に準拠して行うことが決められた。しかし，この新しい基礎発達目標に準拠してどのように評価を行うのかという点に関して，学校教育現場での実践において方向性は一致しなかった。第3章で既述したように，基礎発達目標について特定の教科や指導の時間と方法が規定されていないため，基礎発達目標と教科学習目標の関係について議論も行われていた。

このような状況を変える契機となったのが，2003年の教育部による「普通高校カリキュラム方案（実験）」の公布だった。この高校におけるカリキュラム改革を指導する政策文書において，発達的評価制度を構築すると決められた。具体的には「生徒の学業成績と成長記録を結合する総合的な評価方式を採用す

る。学校は目標の多元化，方法の多様化，過程を重視して評価するという原則に基づいて，観察，コミュニケーション，テスト，実際の操作，作品の展示，自己評価と総合評価などの多様な方式で，生徒の総合的かつ動態的な成長記録手帳を設け，全面的に生徒の成長経歴を反映する」[32]と述べ，これによって，高校カリキュラム改革において「総合的素質評価」が重要な位置づけとして明示された。

しかしながら，実際には「総合的素質評価」が実施されていない高校も少なくなかった。実施された学校においても次の問題が生じたため容易には進まなかった。第一に，「総合的素質評価」を実施するための評価方案の作成，評価者の評価理念と評価技術に関する研修，保護者への宣伝などの諸条件を整えることが困難であった。第二に，「総合的素質評価」が質的な評価方法を多用するため時間がかかるだけでなく，明確な評価基準が欠如していたことから，主観的な評価になりやすいという点が指摘された。その結果，多大な労力と時間を費やしてまで「総合的素質評価」の理念に基づいて評価を行うところは少なく，学期末に「総合的素質評価」を記録する表を一度に完成させてしまう現象も現れた。このように「総合的素質評価」は形式的なものとなりがちだった。

以上を背景に，教育部は「国家基礎教育課程改革実験区における2004年中学校卒業試験と普通高校募集制度改革に関する指導意見」を公布し，学校における「総合的素質評価」の実践を確実に推進しようと試みた。ここでは，中学校における卒業試験と進学試験の改革について具体的な指導意見が示された。なかでも，卒業または進学の可否を判断する際に，各教科の試験結果のほかに，生徒の総合的素質についての評価結果も重要な要素になることが規定された。「『総合的素質評価』は基本的に『通知』に記述された『基礎発達目標』に準拠するものである」[33]と述べられた。このことにより，「基礎発達目標」に準拠した「総合的素質評価」の実施は卒業・進学試験と結合された。これは，評価改革の重要な試みとして，評価改革の実践と研究に大きな影響を与えた。

そして，2007年からの大学入試において，広東省，山東省，海南省と寧夏自治区，2008年からは天津市，福建省，安徽省，遼寧省と浙江省が「総合的素質評価」の結果を合格の根拠とした。2008年，教育部は「高校卒業生の『総合的素質評価』の情報を含む受験者の電子版記録書は高等教育に合格するため

の主な根拠」[34]として指示した。したがって,「総合的素質評価」は大学入試と結合し,その結果は進学試験の成績とともに合格基準となった。大学入試はつねに社会の重大関心であるため,「総合的素質評価」は一躍流行語になり,「基礎発達目標」よりも一般に知られるようになった。

　このように,「総合的素質評価」は初等・中等教育カリキュラム改革の展開のなかで登場し,入試制度と結合することによってその位置づけがますます重視され,現在では評価改革の中心的な内容となっている。このように評価改革の目玉として登場した「総合的素質評価」には少なくとも三つの使命が与えられた[35]。

　第一に,「総合的素質評価」によって,伝統的な試験だけによる評価の問題点を克服することである。これは,児童生徒の多方面の素質の全面かつ調和した発達に焦点を当て,児童生徒の成長過程を重視し,形成的評価の機能を求めることによって進められた。ここでは,児童生徒の自己評価,個人内評価が提唱され,児童生徒の長所や,個性と潜在能力の発見・発達に特徴がある。以上のように,「総合的素質評価」を通じて児童生徒の発達を促進することが根本的な使命とされた。

　第二に,進学試験と評価において,「総合的素質評価」の結果が合格基準になったことで,「試験成績が天下一」という状況が打破され,入試制度改革の重要な措置となった。このとき,「総合的素質評価」は総括的評価としての機能が求められた。すなわち,「総合的素質評価」は児童生徒の学習・発達の過程と結果を評価し,児童生徒の学習と教師の指導の改善を促す機能のほかに,卒業・進学する際,児童生徒の多方面の素質の発達レベルと状況を証明する機能を持つようになった。

　第三に,「総合的素質評価」の結果を進学の可否を決定する重要な参考資料とすることで,上級学校と下級学校の双方に自己主張の余地を与えた。大学入試は共通選抜試験であるため,生徒を選別し,優秀な生徒を選抜することを目的とするため,試験問題の難易度による得点の分散が問われる。そこで,競争が厳しい「応試教育」においては,入試問題はますます「難しく,偏っている」方向へと展開した。ここでは,上級学校はどのような生徒を募集したいか,下級学校はどのような生徒を育成しようとしているかということを問う余地はな

かった。それに対し,「総合的素質評価」を採り入れることで,下級学校は育成したい生徒について説明することが,上級学校は自分の学校の教育理念に応じて生徒を採用することが可能となった。その結果,双方のモチベーションが引き出された。

　このように,「総合的素質評価」は重要な使命を背負って登場し,評価改革の推進,そして素質教育の推進が期待された。現在,「総合的素質評価」は進学と緊密な関係にあり,一般的に小・中学校で実施されるようになった。高校における「総合的素質評価」の実施は系統的な評価指標体系に基づき,正規の評価になり始めている。次は学校教育現場で具体的にどのように実施されているかを見てみよう。

2　北京市における中学生に対する「総合的素質評価」の実践

　以上見てきた「総合的素質評価」の実施は,実際のところ地方によって異なる。「総合的素質評価」の評価基準,評価方法は各地で開発されているためである。「総合的素質評価」の記録簿の名称は「児童生徒の総合素質評価手帳」(北京,学生综合素质评价手册),「児童生徒の成長記録書」(上海,学生成长记录册)などさまざまである。しかしながら,基本的な内容は「通知」に示された基礎発達目標の六つの面を含むことで一致している。

　以下,北京市における中学生に対する「総合的素質評価」の方法を具体的に見てみよう。北京市の総合的素質の評価指標体系(表4-2)において,総合的素質の評価目標は基礎的指標と発展的指標からなる。基礎的指標は「通知」が規定した内容に基づいて,「思想道徳」,「学業アチーブメント」,「身体健康」,「心理健康」の四つが設定され,さらに具体的指標と評価の要素を決めて,すべての生徒が中学校での学習で到達すべき基本的な目標が示されている。これらの基礎的指標は生徒の基礎的な素質に対する要求で,将来の社会で生きていくために必要な能力を育成することを意図している。そして,北京市は基礎的指標に加え,「生徒が共通指標に到達したうえで,個に応じて個性を展示させる目標」[36]という独自の発展的指標を設定した。これらの目標は生徒に自分の身体や心理,知識と能力の特徴によって指標を選択する権利を与え,将来の社会で

表4-2 北京市における中学生の総合的素質の評価指標体系

	評価指標		評価の要素	評価方法と手段
基礎的指標	一 思想道徳	J1. 道徳品性	・国家，人民，労働，科学，社会主義を愛する。 ・規律と法律を守る。誠実で信用できる。公共道徳を守る。集団に関心を持つ。	・真正的試験（実際の場面，または模擬した実際の場面を提供して試験を行う） ・日常観察記録カード ・優秀者推薦カード
		J2. 公民素養	・自信，自尊，自立，自律，勤勉。 ・自分の行動に責任を持つ。 ・積極的に公益活動に参加する。 ・社会的責任感を持つ。 ・環境保護。 ・オリンピックに関する基本的な常識を持つ。 ・オリンピックの基本的な精神を理解する。	
	二 学業アチーブメント	J3. 知識・技能	・基礎的な知識と基本的な技能の水準。 ・その教科と実際の生活での活用力。	・筆記試験 ・真正的試験 ・アンケート調査 ・優秀者推薦カード
		J4. 学習能力	・問題を発見・解決する能力。 ・協力して学習する能力。 ・独立して探究する能力。 ・情報を収集・分別・管理・使用する能力。 ・学習過程と結果への反省能力。	
		J5. 学業への関心・態度	・学習する態度。 ・学習への興味。 ・学習する意志。 ・学業の価値観。	
	三 身体健康	J6. 体育・運動，健康に関する技能	・スポーツ・運動の習慣と方法。 ・衛生の習慣。 ・保健習慣と方法。 ・健康への意識。 ・健康的な生活方式。	・アンケート調査 ・身体測定 ・身体機能測定 ・身体資質測定
		J7. 身体	・「児童生徒の身体健康基準」の目標の達成。	
		J8. 身体機能	・「児童生徒の身体健康基準」の目標の達成。	
		J9. 身体資質	・「児童生徒の身体健康基準」の目標の達成。	
	四 心理健康	J10. 自己認識	・自分をよく知る。 ・自分をコントロールする。	・真正的試験 ・アンケート調査 ・日常観察記録カード ・優秀者推薦カード
		J11. 人間関係	・他人に関心を持ち，尊重する。 ・是非に関する判断，普通のコミュニケーションができる。	
		J12. 環境に適応する能力	・学習環境に適応する能力。 ・社会環境に適応する能力。	
発展的指標	五 個性の発達	F1. 特長	・教科におけるすぐれたところ。 ・スポーツ・運動におけるすぐれた技能。 ・芸術におけるすぐれた技能。	・事実についての叙述
		F2. 斬新な労働・活動成果		
		F3. その他（自由選択）		

出典：北京市教育委員会「中学生综合素质评价方法（试行）［中学生の総合的素質評価方法（試行）］」2006年5月。

競争する能力を育成することを意図している。ここから，生徒が自分の得意なことと，自分の創造力を表す斬新な成果および自分が自由に選んだものの三項目が評価の内容であることがわかる。

　そして，提案された評価方法と手段で総合的素質の評価が行われる。表4-2

でわかるように，観察法，アンケート調査法，実際の生活の場面などを提示して考査するといった質的な評価法が多い。評価する際，より全面的かつ生き生きとした評価情報を収集すること，生徒の自己評価や保護者からの評価など評価主体を多元化すること，生徒の自己認識や自己教育に導くことが強調された。

このような評価指標体系に基づき，「総合的素質評価」は「総合的素質の形成的評価」と「卒業生の総合的素質評価」に分けて実施することが提唱された[37]。

「総合的素質の形成的評価」は次の四つのステップからなる。

①日常的な評価。評価指標体系に照らして，生徒の発達を反映できる情報を収集し，「総合的素質記録袋」を作る。ここで，教師または生徒が教育（学習）活動において記録する価値のあることを発見したら，相談して「総合的素質記録袋」に記入する。また，社会的実践（奉仕活動）の関係機関からの感謝状なども収録する。

②学期の中間評価。生徒をグループに分けて，「成長記録袋」（ポートフォリオ）において収集された資料を参考にしながら，自己評価と相互評価を行う。そこから，さらに学習改善の方向を明確にしていく。

③期末評価。生徒の総合的素質の学期で到達したレベルを全面的に把握する評価を行う。ここで，評価指標体系の項目に対応しながら，それぞれの評価結果（段階制）を記入する。このとき，生徒の自己評価も参照する。

④学期評価。学期の状況を振り返り，生徒の自己評価と相互評価，教師と保護者，社会的実践をした関係機関からの評価結果および異なる評価方法で評価した結果を統合する。

他方，「卒業生の総合的素質評価」は生徒が卒業するときに持っている総合的素質に関する認定機能を持つ総括的評価である。評価の結果は生徒が3年間の思想道徳，学業成績，身体と心理の健康および個性の発達において到達したレベルを反映する。それは卒業の認定と進学の選抜の参考となる。

この評価結果は次の四つのいずれかの形式で表す。①各学期の評価結果のままで表す。生徒の発達過程が明らかである。②各学期の結果を統合して1学年の評価結果として表す。③すべての学期の評価結果を統合したもので表す。④上記の三つの形式でそれぞれ評価した結果を総合して表す。

このように「総合的素質評価」は，その指標体系と実施方法の明示によって，2006年9月から北京市の中学校で全面的に実施された。そして，「総合的素質評価」の記録のためのホームページと電子管理システムが開発されて，「児童生徒の総合的素質評価手帳」の紙版と電子版が設けられた。
　では，北京市の中学生はどのように「総合的素質評価」を受けているのか。北京市海淀区の「総合的素質評価」の実施報告から，その様子を見てみよう[38]。卒業と進学に向けて実施される中学3年生の「総合的素質評価」は系統的に行われ，それは「展示・交流活動」と「インターネットにおける評価」という二つの部分からなっている。
　「展示・交流活動」は各学級で行われる。展示と交流の内容は，①「総合的素質記録袋」を中心とする日常的な記録，②総合的実践活動や奉仕活動，科学実験の研究報告，読書メモなどのパフォーマンス課題の完成記録，③各教科の成績，④各種の賞の記録，手作りの作品，小発明と芸術活動の記録などの特長的な記録という四つの側面からなる。
　このような展示には一週間程度の期間が設けられ，教師と生徒はみんなが提出した上記の資料を観察する。そして，特定の期間に，生徒は自分の総合的素質に関してパフォーマンスとして表現する。技能のパフォーマンス，芸術才能のパフォーマンス，演劇への出演などさまざまな総合的素質のパフォーマンス空間を提供し，保護者らの参加と評価も求める。こうした総合的素質のパフォーマンス活動は学校によって異なり，たとえば，書道，絵画，楽器演奏，テコンドー，球技，英語のスピーチ，落語など多彩なパフォーマンスが見られた[39]。そして，保護者，さらにコミュニティーの人々の参加によって，異なる立場からの意見も聞くことができた[40]。
　「インターネットにおける評価」は「総合的素質評価」の指標体系に基づいて，それぞれの評価結果を記入することを指す。評価結果は段階制の評価結果と評語による評価からなる。そして，指定された期間で，教師・生徒・保護者のそれぞれが評価の記入を行う。
　このような「総合的素質評価」を行ってきた学校の実践について次の注意点が指摘された[41]。①評価において信頼性と妥当性を高めるには，収集した資料は真実で有効なものであるべきである。②生徒の成長記録袋（ポートフォリオ）

における内容の蓄積と，その活用が重要である。③評価の前に評価主体に対して十分な説明と指導が必要である。④この評価が生徒たちの人間関係に悪影響を及ぼさないように注意が必要である。

このように，北京市の中学校における「総合的素質評価」は2006年から実施され始め，生徒の発達に関する記録を中心に，発達と改善のための形成的評価として機能する「総合的素質評価」と，卒業・進学のための認定機能，選抜機能を持つ総括的な評価として機能する「総合的素質評価」に分けて行われている。そして，「総合的素質評価」の実施によって，生徒の多方面の素質の発達過程と到達状況が蓄積された。従来の教科学習の成績だけに注目する「応試教育」の問題点を克服し，生徒の基本的な素質の全面的な発達，および個性のある発達がめざされていることが明らかとなった。

しかし，「総合的素質評価」が入試制度に導入されるにあたって，依然として次のような課題が残っていると指摘できる。総括的な「総合的素質評価」の結果は，形成的評価のまま，あるいは単に形成的評価が統合されたものとなっている。つまり，形成的評価のつもりで行っている「総合的素質評価」がそのまま総括的評価とされている。そこに，改善機能と選別・選抜機能という矛盾が生じる。実際に，このような問題は大学入試制度改革の推進によって，浮き彫りになり始めた。次に「総合的素質評価」と大学入試との結合状況を考察し，その問題点を明らかにする。

3　入試制度との結合による展開と課題

北京市と同様に，各地方で「総合的素質評価」の評価指標体系や評価案が作成された。加えて，「総合的素質評価」は卒業・進学試験制度の一部であると規定する地方も多くなった。たとえば，2005年，湖北省武昌市の高校入試では，数十名の受験生が「総合的素質評価」の結果が合格基準に達していないとして，希望校から進学を拒否された。また，山東省潍坊市は高校入試の合格基準において，「総合的素質評価」の結果の比重を高め，国語，数学，外国語と同じように扱うと決定した。遼寧省瀋陽市では「総合的素質評価」の結果が合格基準に達していない生徒は高校に進学する資格がないと決定した[42]。

こうしたなか，ある事件がきっかけとなって「総合的素質評価」に対する関心が頂点に上った。2009年，山東省の大学入試において，教科試験の得点が高いにもかかわらず，「総合的素質評価」の結果がよくなかったことを理由にして不合格になった受験生がいた。反対に，教科試験の得点が低いにもかかわらず「総合的素質評価」の結果が良かったことを理由に合格になった受験生もいた。このことについて「総合的素質が低いため一部の受験生は不合格」（『中国青年報』2009年8月31日付）と報道されことをきっかけに，翌日の『斉魯晩報』において「『高い得点は不合格』は疑問を引き起こした——総合的素質はいかに評価する？　人為的な要素をどう避ける？」というタイトルでより詳細な取材が行われ，この事件の経緯とさまざまな反応が報道された（資料4-2）。高い得点を獲得した受験生を不合格とした大学は「われわれの大学は専門家グループを組織し，生徒の電子版記録と総合的素質評価の情報などの内容を参考として合否の結論を出した」，そのなかで「試験成績が20位より下の生徒で，総合的素質評価の成績が100位以下となった12人の受験生を不合格と決めた」と大学側は述べた。

資料4-2　「総合的素質評価」の導入による『高い得点は不合格』

出典：『斉魯晩報』2009年9月1日付（日本語訳は筆者による）。

しかし，「一部の高校の総合的素質評価報告は恣意的であるため，記録は不完全であるといった問題が見られ」，「ある高校の総合的素質評価報告において，一部の生徒の成績は6学期においてすべて『A』またはすべて『B』，またほかの一部の生徒の記録については不正に寄せ集めたものであるのは明らか」と，ほかの大学からも意見が述べられた。そして，保護者からの「総合的素質評価は本当に生徒の総合的素質を反映しているのか」，「評価の結果に不正はないのか」などの疑問や不安も取り上げられた。『斉魯晩報』の報道が扱う漫画では，試験の得点が高い生徒に「総合的素質が低い」という大きな帽子を無理やりに被らせ不合格となっている姿に対し，得点の低い生徒は合格し，「ラッキー」と言う姿が描かれ，その信頼性が皮肉られている。このように，「総合的素質評価」の導入に対して疑問が呈された。
　こうして，この事件は多くの新聞に掲載されることになり，「総合的素質評価」を大学入試制度に導入することについてさまざまな意見が出された。そのなかには，一部で楽観的な立場で大賛成する報道[43]もあるものの，大半は「総合的素質評価」の信頼性と妥当性に関する疑問とそれが入試制度に採り入れられることの公平性をめぐる議論について報道している。そして，最も影響力のある中国中央テレビにおいて，視聴率の高い番組「新聞1＋1」でこの事件およびそれが引き起こした議論が報道され，社会の反響を広く引き起こした。議論の焦点はやはり「総合的素質評価」が大学入試制度に導入されることによる「公平性」と「公正性」であった。
　「総合的素質評価」を大規模でハイ・ステイクスな選抜評価に用いるとき，その信頼性と比較可能性が問われる。確かに，これらの点は「総合的素質評価」の弱い部分である。各地方，各学校が「総合的素質評価」を行うには，「通知」が示した基礎発達目標に基づいて，評価次元と評価目標を一致させる必要がある。しかし，明確かつ統一した評価基準がないため，評価結果を示す方法，自己評価と相互評価における基準，またこの二者による評価の関係といった問題は明らかにされていない。そこで，「総合的素質評価」は学校と教師による主観的な評価になりがちとなる。とりわけ，進学試験制度に採り入れてからは，進学率のための不正行為が見られるようになり，評価の信頼性にますます疑念が高まった。学校間や教師間の評価基準が統一されていないため，不公平な結

果となるのではないか，学校間の比較可能性が低いのではないかという批判が寄せられた。

さらに，ほかにも不公平が生じる可能性がある点に注意する必要がある。「公平性」が注目されたのは，「総合的素質評価」そのものの信頼性・客観性・実施の規範性だけではなく，上級学校が行う判断にも公平性が問われるからである。「総合的素質評価」の結果が合格の根拠となったものの，上級学校がどのようにその結果を参照し，判断へと至るのかは不透明であり，最終的な解釈を行う権利は上級学校だけにある。もし，その判断の基準が都市文化的な志向を持つなら，農村部からの生徒にとって不公平になる。たとえば，共通試験において，数学の問題で地下鉄を問題場面とすると，地下鉄のない地域の生徒にとっては不公平になる可能性がある。このことと同様に，「総合的素質評価」の結果を参照するとき，児童生徒が作った「パワーポイント，フラッシュ，ホームページ，録画ビデオ」の優劣を判断の基準とするのであれば，コンピューターやインターネットが普及していない農村部の生徒にとっては不公平となる。今後は，さらに高等教育学校が自主的に募集する大学試験制度が推進されていく。高等教育学校の裁量権のさらなる拡大に伴い，教育環境整備が遅れている農村部の生徒にとっても公平な競争環境をいかに提供するかという問題が，これからの課題であろう[44]。

あらためて，「総合的素質評価」を入試制度と結合することが妥当か否かという問題について再検討する必要があろう。前述のように，「総合的素質評価」は児童生徒の発達を促進する機能と卒業・進学のときに自分の成績を証明する機能（認定機能）を持っている。しかし，この二つの機能は評価の目的が異なるため，時には矛盾したり競合したりする関係となる。一つの機能を強調するともう一つの機能が弱まったり，あるいは失われたりする[45]。

「総合的素質評価」の発達的な機能は児童生徒の発達の促進を目的とし，児童生徒間の比較より，基本的な発達目標に達成できたか否かが強調される。また，自分の過去との比較が強調される。日常的な評価においては児童生徒の発達過程を重視した「総合的素質評価」によって，発達の足跡を残すことが重要である。なお，評価主体と評価基準の多様化がその特徴である。

これに対して，「総合的素質評価」の証明的な機能は選別と選抜を評価の目

的とする。特に，ハイ・ステイクスな試験において，「総合的素質評価」の客観性，真実性，信頼性と比較可能性が求められることになる。このとき，評価関係者は児童生徒間の差異に注目し，児童生徒は競争関係に置かれる。

したがって，「総合的素質評価」が進学試験制度と結合すると，証明的な機能がどうしても優先され，児童生徒の発達を促進する機能は発揮されなくなる。しかし，「総合的素質評価」が提唱された趣旨は教科学習の負担を減らし，素質を全面的に発達させ，一発勝負の大学入試制度の現状を変えることである。そのため，「総合的素質評価」の発達的な機能と証明的な機能をどのように調和できるか，さらなる慎重な研究が必要である。

まとめ

本章では，評価改革が学校教育現場でどのように実施されているのかを考察した。第1節では，教育部の調査研究における評価改革に関する報告内容の整理によって，評価改革の学校における実践状況を明らかにした。学校における教育評価は評価観，評価機能，評価内容，評価方法，評価主体などの面で大きく変化している。評価機能は，従来の児童生徒の選別・選抜から児童生徒の激励，学習と指導の改善に転換しつつある。教師は多様な評価方法で，児童生徒の多方面の能力を含むより全面的な内容を評価している。そして，児童生徒の自己評価，相互評価，さらに保護者による評価が行われ，評価主体が多元化している。しかしながら，「応試教育」の評価観念がまだ根強く残っているという問題，「感情・態度と価値観」という新設された評価内容をどのように評価すべきなのかという問題，ポートフォリオ評価法などの新しい評価方法の活用に困難があるなど新しい評価理論がうまく実践できていないという問題，多元的な評価が抱える信頼性の問題，「激励」する評価の誤用・濫用という問題が同時に起こっていることが調査報告からも明らかとなった。さらに，質的な評価方法と量的な評価方法の関係，多様な評価基準と基礎的で統一した基準の関係などの課題が残されているため，評価改革が提唱する理念について再検討する必要があると指摘した。

第2節では，教育改革の最前線に立っている光明小学校における評価改革実

践を考察し，評価改革の具体像を明らかにした。光明小学校における評価改革は，評価に伴う暗いイメージを払拭し，児童の立場に立ち，児童が受け入れやすい評価方法でより全面的に評価することによって，学習の改善と能力の発達をめざすものであった。そのために，各学年，各児童の特徴が考慮され，それにふさわしい評価方法が用いられ，児童の各教科の知識と問題解決能力，コミュニケーション能力，協力能力など，能力の全面的な発達を促す評価が行われていた。

しかしながら，すべての児童が到達すべき目標とその評価基準が不明確であり，多様な評価基準によって学力を保障できているのか，形成的評価だと思われる「項目別考査」の結果を総合評価に入れることが適切なのか，激励や改善のための評価についてより深い理解が必要ではないかという課題が残されていることも明らかとなった。

第3節では，今回の評価改革の目玉となる「総合的素質評価」の実践を具体的に考察することで，「総合的素質評価」の実施状況と課題を明らかにした。「総合的素質評価」は初等・中等教育カリキュラム改革の展開に登場し，入試制度と結合することによって，その位置づけがますます重視されてきた。各地域では「総合的素質評価」の評価指標体系を作成し，実施方案や，入試制度として導入する方法を規定した。

そのなかで，中学校と高校における「総合的素質評価」の実践がより系統的に行われていることが明らかとなった。北京市の中学校における「総合的素質評価」の実践を考察した結果，同市の中学校では2006年から実施され始め，生徒の発達の記録を中心に発達と改善のための形成的な「総合的素質評価」，卒業・進学のための認定機能，選抜機能の総括的な「総合的素質評価」という二つの機能で行われていることがわかった。「総合的素質評価」の実施によって，生徒の多方面の素質の発達過程と到達状況が蓄積されたことが明らかとなった。しかし，総括的な「総合的素質評価」と同時に，形成的な「総合的素質評価」として利用することで，改善機能と選別・選抜機能の矛盾を招いているという課題が残っていることも指摘した。

最後に，これらの問題を含めて，「総合的素質評価」が大学入試制度に導入されることで，社会的な議論を引き起こしたことを検討した。「総合的素質評価」

は大規模でハイ・ステイクスな選抜評価に用いられるとき，その信頼性，比較可能性，公平性が最も注目され，問われるべきである。「総合的素質評価」を入試制度に導入すべきか，また，いかにその発達・改善機能と証明・選抜機能を統合するかについて再検討する必要があると指摘した。

1) カリキュラム改革実験区において校長，教師，児童生徒を対象にアンケート，インタビュー，授業観察などを行った。たとえば，第2回は教師828人，小学生2083人，中学生1005人のアンケートが回収できた（教育部「新課程実施と実施過程の評価」プロジェクトによる「基礎教育課程改革的成就，問題与対策——部分国家級課程改革試験区問卷調査分析［基礎教育カリキュラム改革の成績，問題と対策—— 一部の国家レベルカリキュラム改革実験区のアンケート調査の分析］」『中国教育学刊』2003年2月）。
2) 教育部は中央宣伝部，人事部，社会科学院などの機関と共同で素質教育調査研究グループを組織し，義務教育の均衡発展，初等・中等教育カリキュラム改革，試験・評価制度改革，教科教育改革などの課題について調査研究を行った。400名の地方教育局長，7万人の小・中学生，教師と校長がアンケート調査に参加した（素質教育調査研究グループ編『共同的関注——素質教育系統調研［共同の注目——素質教育に関する系統的な調査研究］』教育科学出版社，2006年）。
3) 董奇編・国家基礎教育課程改革「教師の発達と児童生徒の成長を促進する評価研究」グループ『新課程実施中教育評価給的探索［新課程実施中の教育評価改革の探索］』陝西師範大学出版社，2003年。
4) 劉振東・趙国義『新課程怎様評——来自試験区的報告［新課程はいかに評価する——実験区からの報告］』開明出版社，2003年，于京天・王義君編『基礎教育評価改革報告［基礎教育評価の改革報告］』山東教育出版社，2003年などを参考にした。
5) 董，前掲書，13頁。
6) 教育部「新課程実施と実施過程の評価」プロジェクト，前掲論文。
7) 于・王，前掲書，30頁。
8) 董，前掲書，18頁。
9) 教育部「新課程実施と実施過程の評価」プロジェクト，前掲論文。
10) 朗茹芬・関明新「成長記録冊的設立与応用［ポートフォリオの設立と応用］」，董，前掲書，31-32頁。
11) 董，前掲書，15頁。
12) 青島四方区教育体育局「実施評価改革，促進学生発展——小学生評価改革工作的実践与探索［評価改革を実施，子どもの発達を促進——子どもに対する評価改革の実践と

探索]」『教学評価探索』2002年4月。
13）于・王，前掲書，47頁。
14）黄大龍・周玲・尹信編『新課程推進中的問題与反思［新課程推進中の問題と反省］』中国伝媒大学出版社，2006年，67-68頁。
15）厳育洪編『新課程評価操与案例［新課程評価の操作と案例］』首都師範大学出版社，161頁。
16）黄・周・尹，前掲書，68頁。
17）同上書，68頁。
18）董，前掲書，14頁。
19）同上書，18-19頁。
20）朗・関，前掲論文，29-30頁。
21）董，前掲書，16-17頁。
22）周序「十年来教学評価改革成績与問題反思［10年以来の教学評価改革の成績と問題反省］」『中国教育学刊』2010年10月，20頁。
23）同上論文，19頁。
24）厳，前掲書，167頁。
25）李雁冰『课程评价论［課程評価論］』上海教育出版社，2002年，316頁。「優秀」や「良好」，または「合格」のように，子どもを異なるグループに分類した。
26）同上書，316頁。
27）筆者は3回ほど光明小学校を訪問し，授業の参観，期末試験の見学，教師へのインタビューによって，「児童成長手帳」，試験問題，教師たちの研究論文集などの資料を収集することができた。また本節では，次に示す資料に基づいて検討した。たとえば，劉永勝・武瓊・劉世芬ほか編『小学日常評価与期末考試改革的探索［小学校日常評価と期末試験の改革の探索］』（陝西師範大学出版社，2003年），劉永勝編『我与教育評価［わたしと教育評価］』（中国教育出版社，2004年），劉永勝著『教育造就成功人生［教育は成功する人生を作る］』（高等教育出版社，2009年），田莹の講演記録「关于光明小学的教育科研［光明小学校における教育科学研究について］」（2005年10月14日）と田莹の講演記録「加强校本培训，促进教师发展［校内研修を強め，教師の発達を促進する］」（2005年12月20日）など。
28）王文静「学生自我評価过程分析［児童生徒の自己評価過程分析］」『中国教育学刊』2005年第3期，46-48頁。
29）「半分以上の子どもは自己評価の意味をはっきり理解していない。さらに自己評価の意味さえもわからない子どももいる」（蔡敏・邢淑娟「小学高年級学生自我評価調査研究［小学校高学年児童の自己評価の調査研究］」『中国教育学刊』2005年3期，50頁），または年に1回，あるいは学期に1回自己評価をしているだけでは，自己評価の機能を

果たしていないなどの指摘もされている。
30) 陶西平『教育評价学［教育評価学］』北京師範大学出版社，1998 年，113-114 頁。
31) 蔡・邢，前掲論文，49-52 頁。
32) 教育部「普通高中課程方案（実験）［普通高校カリキュラム方案（実験）］」2003 年。
33) 教育部「国家基礎教育課程改革実験区 2004 年初中毕业考试与普通高中招生制度改革的指导意见［国家基礎教育課程改革実験区における 2004 年中学校卒業試験と普通高校募集制度改革に関する指導意見］」2004 年 2 月。なお，「総合的素質評価」の名称はこの公文書で初めて明示された。
34) 教育部「教育部关于做好 2008 年全国普通高等学校招生录取工作的通知［教育部の 2008 年の普通高等教育募集作業に関する通知］」2008 年。
35) 田中耕治は内申書の役割と意義に関する分析において，①学力検査による「一発勝負」の選抜からの子どもの解放，②学力以外の児童生徒の日常的な諸活動の多面的・総合的な把握，③下級学校において学んできた教育課程の尊重，という三つの観点を示した。本書においてもこれを参考にした（田中耕治『教育評価』岩波書店，2008 年，182-183 頁）。
36) 北京市教育委員会「中学生综合素质评价方案（試行）［中学生の総合的素質評価方案（試行）］」2006 年 5 月。
37) 同上文書。
38) 胡新懿・呉顕恵・元效軍「小荷才露尖尖角――北京市海淀区中考综合素质评价改革［蓮は咲き始めた――北京市海淀区高校入試総合的素質評価改革］」『北京教育』2007 年 4 月，4-8 頁。
39) 同上論文，5 頁。
40) 同上論文，5 頁。
41) 同上論文，8 頁。
42) 王文郁「初中生综合素质评价不合格不能报考高中［総合的素質評価で不合格となった中学生は高校に応募できない］」『中国消費者報』2008 年 3 月 7 日付。
43) 「高考招生需要"两条腿走路"［大学入試は「両足で歩く」］」http://21txbook.net/html/ziyuanzhongxin/jiaodianzhaokaoxinxi/2009/0901/1683.html（2013 年 2 月 25 日確認）。
44) 中国農業大学の統計データを見ると，1999～2001 年の 3 年間では，新入生における農村部の生徒は 39％を占めていた。しかし，2002 年からその数字は毎年下落し，2007 年に 31.2％になった。農村部の生徒の減少は明らかである。
45) 日本の「指導要録」は，もともと指導機能をめざして作られた。後に外部に対する証明機能が強調されることで，この指導機能は制約された（田中耕治『教育評価』岩波書店，170-173 頁）。これは中国の総合的素質評価にとって非常に示唆的であった。

第5章

カリキュラム改革をめぐる論争から評価改革の再検討へ

これまで見てきたように，評価改革には多くの望ましい変化とともに，問題点もあることが明らかになった。実際，評価改革だけでなく，カリキュラム改革が深化するにつれて，実践においてさまざまな問題が起こっている。そのため，改革を支える理論に対して，再検討を迫る動きが高まった。

　とりわけ，カリキュラム改革をめぐる「王・鍾の論争」は教育の本質に迫るものとして，教育界で注目されている。王をはじめとする「慎重派」と鍾をはじめとする「改革派」の間でカリキュラム改革の是非をめぐって論争が繰り返された[1]。この論争においてはカリキュラム改革で生じているさまざまな問題を反映した議論がなされている。2004年末頃に始まったこの論争は現在でも継続されており，多くの論者を巻き込んで，ますます激烈に行われている。同時に，この論争は教育評価のあり方を再検討する観点も示しており，現代中国のカリキュラム改革および教育評価を考察するうえで，きわめて重要である。

　そこで，本章では第1節において，カリキュラム改革をめぐる「王・鍾の論争」の経緯および論争の根本的な焦点を整理する。第2節において，素質教育をめざす教育評価のあり方を再検討し，再び評価改革の問題点を洗い出す。最後に，これらの問題を解決する切り口として，基準に準拠した教育評価のあり方を提案する。

第1節　カリキュラム改革をめぐる論争

1　改革をめぐる論争「王・鍾の論争」の始まり

　カリキュラム改革をめぐる論争の契機は，2004年に王策三が発表した「『知識軽視』の教育思潮に真剣に対応する——『応試教育』から素質教育へ転換する提起の再検討」[2]という論文である。王は「『応試教育』から素質教育へ転換」というスローガンへの批判から，その背景にある知識軽視の思潮の特徴と原因を分析し，新しいカリキュラム改革はこの知識軽視の思潮を克服しなければならないと主張した。

　同論文のタイトルに「再検討」とされているように，実は王は2001年の時点で「基礎教育の健全な発展を保障する——『応試教育』から素質教育への転

換という提起に関する検討」[3]を発表していた。そこでは，このスローガンは誤解を招きやすく，とりわけ科学知識教育と教育の質の軽視を招くのではないかと指摘し，それも阻止しなければならないと主張した。この主張の論点は以下の2点に集約される。

　第一に，王の理解によると，素質教育とは全面発達をめざす教育であり，この点では従来の教育方針や教育政策と一致しており，「転換」ではないとする。もちろん「応試教育」には従来の教育の問題点が凝縮されており，素質教育を提唱することでこの問題点を克服しようと試みる点には意味がある。しかし，国の教育方針と教育政策は，全面発達をめざす教育であるという点ではこれまで一貫していた。そもそも「応試教育」は意図的に行われたものではなかったにもかかわらず，「転換」と表現することは素質教育と「応試教育」を二項対立関係にし，「応試教育」を改め，児童生徒の全面発達をめざす素質教育に転換することを意味する。以上から，「転換」の使用は不適切であるというのである。

　第二に，「転換」という提唱はこれまでの教育をすべて否定し，完全に違う軌道に変えるという意味がある。そのため，今までの科学知識，教科の系統性を重視する特徴そのものも「転換」される対象としてとらえられてしまう。したがって，知識軽視，教育の質の低下につながるというのである。

　2004年の「『知識軽視』の教育思潮に真剣に対応する――『応試教育』から素質教育へ転換する提起の再検討」は，この2001年の論文を踏まえたうえで，新しいカリキュラム改革の問題点を指摘し，「知識軽視」の思潮であると批判した。王は「知識軽視」の思潮の特徴を次のようにまとめた。「現行の教育，教学，課程に関する理論と実践を全面批判，否定する。社会現実を無視し，知識を軽視して児童生徒の発達を追求する。感情，態度を最も重視する。教科知識，教科書にある知識を軽視し，個人経験と生活を中心にする。探究，発見学習を主張し，指導の重要性を下げる。児童生徒を中心にして，教師の役割を弱体化する。統一の基準と選別評価を批判し個人基準を提唱する」[4]。

　この批判対象は新しいカリキュラム改革が提唱するものに対応している。王は現行の教育において，知識の教授に「過度に偏重」しているという問題設定はそもそも間違っていると述べている。問題は「知識を単純に教授する」ことと「簡単な知識を教授する」こと，つまり教授の仕方や内容にある。したがっ

て,「知識の教授」は今なお不十分でさらに重視すべきであるとする。

　また,知識中心と児童生徒の発達は必ずしも矛盾しないとも言う。もちろん,系統性を重視するあまり,児童生徒の発達や経験,技能や能力の育成と矛盾してしまう場合がある。しかしながら,前者から後者に転換すべきだと断言してはいけない。科学知識の指導を児童生徒の経験,社会的実践と結合する工夫が重要である。同じように,「知識」や「能力」と「感情・態度と価値観」も矛盾させるのではなく,統合的に把握しないといけない,と王は述べる。

　こうした王の批判は新しいカリキュラム改革に向けられたものであったため,大きな反響が起こり,とりわけカリキュラム改革の推進者は強く反論した[5]。最初の反論は,同年に発表された鍾啓泉と有宝華による「カビの生えたチーズ──『「知識軽視」の教育思潮に真剣に対応する』を読んで」[6]という論文であった。ここでは,次のように述べられている。

　「応試教育」や「英才教育」は教科中心・知識中心の教育であり,教育対象を選別し,英才を選抜するための不平等教育である。基礎教育において「応試教育」から,すべての児童生徒を教育対象とする素質教育に転換しなければならない。「応試教育」は静的な知識観に基づき,知識の教授に偏重する。新しいカリキュラム改革は動的な知識観に基づき,知識は学習者が他者との協同を経て形成される。そもそも知識の習得とは事実の暗記ではなく,経験の合理化・実用化である。すなわち,知識とは受動的に受け入れられるのではなく,能動的に構成されるものである。新しいカリキュラムでは「知識と技能」,「過程と方法」,「感情・態度と価値観」の三つの面から目標を設定し,知識習得の目的は知識そのものの習得だけでなく,その知識が持つ文化の内実への理解と学習能力の獲得を含む。それは知識の概念をさらに充実させたものである。したがって,素質教育は知識軽視ではない。新しいカリキュラムの実施状況から見ると,確かに実践と理論が一致していない例もある。しかし,それだけで理論そのものに問題があるとは言い切れない。加えて,カイーロフ教育学理論[7]に戻るべきではない。長年にわたり中国の教育を支配してきたカイーロフ教育学理論はすでに「カビの生えたチーズ」になり,捨てられるべきだと主張した。

　さらに2005年,鍾は「概念の再建とわが国のカリキュラムの創造──『「知識軽視」の教育思潮に真剣に対応する』への意見」[8]を発表し,新しいカリキュ

ラム改革における「知識」,「学習」,「授業」の概念を再定義することで,改革の基盤となっている理論を詳細に解説した。この論文においても鍾は王の主張を批判したものの,後に多くの改革批判者に引用され,再批判された。

このように,教授理論などで著名な王策三と新しいカリキュラム改革のリーダーであった鍾啓泉の論争は「王・鍾の論争」(「鍾・王の論争」)と称された。王は北京師範大学の教授で,鍾は上海にある華東師範大学の教授であることから,「南北論争」とも呼ばれている。両論者とも教育界の重鎮であるとともに,同論争は中国教育の現状を踏まえた教育の本質に迫るものであったため,全教育界の注目を集めた。

以上紹介した王による2本の批判論文と鍾による2本の反論論文から論点をまとめると,大きく以下の3点に整理できる。

(1) 素質教育と「応試教育」は矛盾するのか

王によれば,素質教育とは全面発達の教育であり,それに対置されるのは偏って発達させる教育である。「応試教育」を素質教育に対置することは,従来の教育を全面的に否定することになり,知識を軽視することになる。このように考えると,知識を軽視している時点でそもそも全面発達の目標が実現できず,教育の質を低下させてしまう。

一方,鍾は価値観の視点から「応試教育」と素質教育を対立関係ととらえ,「応試教育」を英才主義の価値観に基づくものであるとした。「応試教育」のねらいは英才の育成と選抜にある。教育内容は教科中心,知識中心であり,選別と選抜の結果,教育の不平等を起こす。一方,新しいカリキュラム改革の価値観は平等主義(大衆主義)[9]に基づくものである。この立場では,教育活動の主な目的は将来の社会生活に適応できる基本的な素質を人々に形成し,全面的な発達を促すことであると主張した。すなわち,発達のための基本的な知識,方法,能力,態度と価値観の育成を重視する。また,初等・中等教育において,教科の専門性よりも,児童生徒を全人的に把握し,総合的な素質の形成を強調する。したがって,初等・中等教育を発展させるために,英才主義に基づく「応試教育」から平等主義に基づく素質教育に転換しなければならないとする。

(2) カリキュラムと知識の本質について

　王は「カリキュラムの本質は認識の客体——人類の認識の成果——知識である」と言う。人間の発達は，実践と認識活動，主体の客体化と客体の主体化を統一するプロセスを通して実現される。学校教育がカリキュラムを設定する目的は，児童生徒に認識の客体を提供することである。カリキュラムは認識の対象でありながら，認識の道具でもある。つまり，カリキュラムを通して世界を認識する。児童生徒の認識には直接経験が必要とされるものの，ごく一部にすぎず，人類の認識の成果——科学知識体系に頼る部分が大きい。したがって，カリキュラムの本質は知識である。知識は児童生徒の発達に影響し，決定する。ある特定の知識が習得されるとき，その知識の内容と習得方法が個人の経験になる。

　このような内在化した知識は認識，すなわち実践の道具や能力となり，個人の世界観，人生観を形成し，体験を通して感情も変わる。こうして「授業の本質は知識を展開，内在化，外在化させることである」と主張した。知識は宝箱のように，客観事物の特性と法則，および人類の能力や思想，感情，価値観などの品格や態度を含むものである。知識は人類の社会的実践と認識の成果であり，それを認識する方法と過程も当然含む。ここで言う「展開」とは，知識の実践的な認識活動の方法と過程を還元，展開，再現し，児童生徒に体験させることを意味する。展開の後，逆に圧縮，抽象，概括し，結論や概念，公式，原理に戻る。このような活動によって，知識は児童生徒に内在化される。しかしながら，内在化の実現，すなわち児童生徒の精神的な宝物とするには，把握した知識を操作や言語を通して表現する外在化のプロセスが必要になる。このことは教育実践においては，練習，実習，実験，操作などを指す。これらの展開，内在化，外在化の活動は，児童生徒の主体的な参加を踏まえて，教師が主導的に行う。そして，このような知識教授こそが「学校教育の基本的な機能」であり，「教師の神聖な職責」であると主張した。

　一方，鍾はカリキュラムとは客観的な知識ではなく，教師と児童生徒による教育内容の形成と転化であり，意味の構成と精錬をするプロセスであると述べた。教育の内容と意味はすべての人にとって同質ではない。教師と児童生徒が

自分の経験を踏まえてその内容を理解するため，それぞれの理解とカリキュラムの意味についての解釈は異なる。同時に，設定された内容を変革し，自分で創造し，「自分のカリキュラム」へと転換させる。したがって，カリキュラムは動的なものである。また教師の指導と児童生徒の学習の関係において，教師と児童生徒は互いの思考，経験と知識を共有し，感情，体験と観点を交流し，共同に発達する「学習共同体」である。そこでの学び方は受動的なものではなく，自らが問題を発見し，分析と問題解決を行うことを強調する。すなわち発見学習，探究的学習と研究的学習が提唱されるのである。

(3) 教育の改革創造と伝統の継承について

王は「教育の改革・創造は，家を建てるように，古い家をすべて取り壊し，きれいにしたうえで新しい家を建てることではない」と指摘し，新しいカリキュラム改革が中国の教育における伝統を一刀両断し，すぐれたものもすべて捨てて完全に新しいものを作り出すことは，教育の現状から離れた「理想論」にすぎず，科学的ではないと批判した。また，運動，革命の形をとる改革は成功しないと指摘し，中国の1950年代後期，および文化大革命の「教育革命」が建国以来の教育を全面的に否定し，教育事業を破壊した歴史を取り上げ，教育改革は徐々に慎重に行い，少しずつ調整すべきものであると主張した。

一方，鍾は改革には海外のすぐれた教育思想，教育理論を導入すべきであると述べ，それを批判することは「狭隘な国家意識と民族意識」に基づいており，理性的，先進的な理論を拒否することは自己陶酔から抜け出せないからであるとする。また，鍾は理想と現実の視点から，改革の矛盾を説明した。「すべての改革は理想の追求と現実が接近することで矛盾が生じる」。しかし，目標と現実に距離があるからこそ，改革の意味があると言う。しかも，新しいカリキュラム改革の実施において「実験を先に，普及を後に」という方針が出され，教師は「研修を先に，授業を後にし，研修をしないと授業することができない」と決められたことには，教育の現状を配慮した背景があると主張した。さらに，「カイーロフ教育学」は「カビの生えたチーズ」や「幽霊」であり，教育学者は「カビの生えた」思想を捨てて，時代と共に進まなければならないと述べた。

以上，論争の焦点について整理したように，「王・鍾の論争」において主に素質教育の教育観，カリキュラムと知識の本質，改革・創造のあり方について議論が展開された。そのなかでも，前述の論点 (1) において，素質教育が児童生徒の素質を全面的に発達させる教育であることについては両者の論に相違はない。また (3) において，改革実践の現状を別にして，理念としては改革が伝統を継承し，世界的な視野で優秀なものを参考とすることは重要であるとする点も一致している。したがって，(2) のカリキュラムと知識の本質についての議論において，両者には根本的な違いがあることがわかる。後の論争もこの問題を中心に，その背景にある教育原理，哲学原理を含めて展開された。

2　「慎重派」と「改革派」陣営による論争の展開と特徴

　2005年から2006年にかけて，「王・鍾の論争」は多くの学者の参加によって「慎重派」と「改革派」が形成されたことで，新しい展開を迎えた。

(1)「慎重派」と「改革派」陣営の形成

　2005年，『中国教育報』は「新しいカリキュラム改革の理論的基盤は何か」と題する紙上シンポジウムを行った。論点は，新しいカリキュラム改革に構成主義などの欧米の教育思潮を導入する妥当性という点と，マルクス主義は具体的なカリキュラム実践について指導できるのかという点である。

　この紙上シンポジウムは靳玉楽と艾興の論文「新しいカリキュラム改革の理論的基盤は何か」[10]から始まった。靳と艾は新しいカリキュラム改革の理論が，構成主義，ポストモダン，デューイ (Dewey, J.) の実用主義，それとも「海外の先進理論の統合」なのか，何に依拠するのか曖昧であるため改革実践の混乱を起こすと批判した。多様な理論に立脚することと理論を曖昧にすることは異なると言う。そして，中国の教育改革はマルクス主義の認識論と全面発達論に基づいていることに他ならないと主張した。なぜなら，構成主義，ポストモダンなどの理論は欧米の土壌で生み出され，その背景には「資本主義において高度に発展した科学的理性と過剰に厳密な社会的理性に対する抵抗」がある。しかし，中国はまだ発展の途上であり，何より科学技術の向上，国民素質の向上

が急務であるから，背景が異なるというのである。

　靳と艾の主張に対し，馬福迎は今回の新しいカリキュラム改革は，構成主義，ポストモダン，実用主義以外に，ガードナー（Gardner, H.）の多重知能理論なども理論的基盤にあると述べた。たとえば今回の改革において，知識は主体的に構成するものであると強調することは構成主義の主張であり，カリキュラムにおける教師と児童生徒の相互活動，共同的な発達はポストモダンが強調するものである。また，多重知能理論によって，基礎・基本的な知識と技能以外の領域に注目するようになっている。したがって，すぐれたものをすべて導入し，グローバルな視野で多様な理論のもとで行われている点に今回の改革の特徴があり，正しい措置であると主張した[11]。さらに，高天明は「哲学レベルで検討すべき」[12]において，マルクス主義は哲学的な側面を持つのであり，カリキュラム改革を直接指導することはできない。しかし，知識と文化，社会から構築するカリキュラムに関して，哲学的側面から検討した理論が不可欠であると反論した。

　このような哲学的な側面からの検討を踏まえ，羅槐は「マルクス主義はカリキュラム改革の方向を保障する」[13]において，構成主義，ポストモダン，多重知能理論は，改革を直接指導するカリキュラム哲学であるものの，このような多様な理論をどのように統合するのか，「すぐれたもの」をどのように精選するのかに関しては，より高次の哲学的な側面から検討しなければならないと指摘した。そして，それはマルクス主義しかないと主張した。

　さらに，王華生は「指導思想」と「理論的基盤」の定義を明確にし，マルクス主義は「指導思想」であるのに対し，構成主義などの理論は「理論的基盤」であると指摘した。同じ理論でも指導思想の違いに応じて，実践への影響は異なる。「アメリカの実用主義を学んできた陶行知がデューイと異なる理論研究と実践を行っていたのは，陶が中国の伝統的な哲学に基づいて活用したからである」と例を挙げて，多様な理論をそのまま中国に「移植」するのではなく，マルクス主義という一元的な指導思想のもとで行わなければならず，それこそが中国の実情に応じた特色ある理論の構築をもたらすと主張した[14]。

　このように，この議論は知識論のカテゴリーから価値論とイデオロギーのカテゴリーへと論争を導き，「王・鍾の論争」は深化したと言える。この影響も

受けて多くの学者が論争に参加し，王を支持し改革に慎重な姿勢を見せる「慎重派」と，鍾を支持し現在のカリキュラム改革を推進する「改革派」が形成され始めた。2006年8月26日付の『中国教育報』に発表された「現在のカリキュラムと教学改革の理論論争」は，「慎重派」と「改革派」の間で行われた論争を三つの面からまとめている[15]。

第一に，カリキュラム改革の理論的基礎についてである。「改革派」は欧米の哲学，教育学，心理学の新しい研究成果を導入し，国際的な視野で中国の初等・中等教育カリキュラム改革を指導すべきだと主張する。そして，ポストモダン，構成主義は先進的，科学的な学術研究の成果であり，それらのもとで現行の教育学が持つ理論体系について概念を再建し，新しい教育学の体系を立てるべきだと言う。それに対して「慎重派」は，このことは単なる海外理論の移植にしかなりえず，中国の教育実態からの離脱を招く。その結果，理論と実践が乖離していると批判した。さらに，これらの理論は現段階では欧米においても議論の的であり，科学的であるか否かについての結論はまだ出ていない。したがって，このような理論を中国において安易に基礎理論に据えることは学校教育現場の実践に混乱を起こすと主張した。

第二に，カリキュラム改革の基本的な目標についてである。「改革派」は従来の教育体系は「伝統的な教育体系」，「応試教育の体系」，「カイーロフの教育体系」であり，時代遅れの教育体系である，これらは児童生徒の個性と想像力を無視する体系であり，立て直されるべきだと言う。一方「慎重派」は，問題があるからといって，教育体系を全面的に否定することは適切ではないと主張した。さらに，従来の教育体系は現代教育の基本的な性質を持ち，中国の特色を持つものであると指摘した。

第三に，カリキュラム改革の基本的な方略については，議論は徹底的に改革すべきか，または穏やかかつ徐々に行い自己改善を強調する改革であるべきか，という点で意見が分かれている。

(2) 展開された論争の特徴

このように，展開された論争に参加する論者の数はさらに急増した。その結果，この時期の論争は最初の「王・鍾の論争」より，さらに2点の特徴を持つ

ようになった。

　第一に、論争には大学や研究所に属する研究者だけではなく、師範大学の大学院生、出版社の教科書編集者[16]、学校教育現場の教師[17]、さらに教育に関心がある一般市民が参加するようになった。とりわけ、改革実施の前線に立つ現場の教師の積極的な参加によって論争の内容が充実し、自分の経験を踏まえたうえでわかりやすい言葉で議論できるようになった点に特徴がある。また、教育研究に関する論文誌や紀要だけではなく、インターネット上が主な議論の場となった。たとえば、『中国教育報』に発表された、改革の回顧と展望を述べる「対話」[18]に対して、査有梁は「新しいカリキュラム改革は『軟着陸』すべき」[19]という論文で反論した。この論文が「伝達学論壇」というホームページに載せられると全国の教師が注目し、何十万字ものほかのホームページへの転載、評論、議論とコメントが殺到した[20]。インターネット上の議論は、紀要論文と違い、だれでも簡単に議論でき自由に意見が述べられ、即時的にメッセージを交流できるため、学校教育現場の教師と教育に関心がある一般市民の参加を促進し論争の影響がさらに広がった。

　第二に、論争の内容をよく見ると、理論の検討だけではなく、学校における改革実践の問題点を踏まえて議論するものが増えている。その背景には、改革実践が全国に普及している状況があろう。今回のカリキュラム改革は準備段階、実験段階、普及段階という3段階で実施されている。まず、準備段階として、実態調査と国際比較研究が行われた。次に、実験段階として、義務教育各教科のカリキュラム・スタンダードである「課程標準」と実験教材が実験区で2001年から試用された。2005年には全国まで普及し、改革は普及段階を終えた。このように、全国への普及にあたって、学校教育現場での改革におけるさまざまな問題が明確となった。ここで、2005年に発表した改革の問題点を論じる論文を集めると、次のような問題が主として取り上げられている。

- 理論と実践の矛盾の問題。たとえば、「海外から導入された理論が中国の現状に適用できない」[21]。
- 授業における指導と学習形式の問題。たとえば、「授業は表面的にはにぎやかであるが、主体的な学習は見せかけ」[22]にすぎない、「授業内容を問わずに、主体的、探究的な学習またはグループ学習形式を取り入れる」[23]も

のが多い，「授業形式が多様化する一方，形骸化している」[24]，「教師の指導の役割が批判され，主体的な学習が自習になった」[25] など。
- 教材編成の問題。たとえば，「教材編成が多様になり，質を問わない」[26]。
- 評価の問題。たとえば，「評価基準が不明確」「質的な評価と量的な評価を対立させる」[27] といったことなど。

以上のように，この時期の論争は，理論から現状の問題点を踏まえた論争へと展開しつつある。そのなかで，「慎重派」の主張がより強い勢いを持ち始めていると言えよう。

3 論争の意義と課題

今回の新しいカリキュラム改革をめぐる論争はいまだ収束せず，ますます激烈になっている。たとえば，「知識中心」か「児童中心」かの論争は中国だけではなく，世界でも明確な結論は出されていない。このように，一面では各国は振り子のように改革を行っている。中国の改革実践は継続しており，論争は今後も続くだろう。したがって，論争においてはその結論よりむしろ，論争の内容，論争の過程に大きな意味がある。そこで，今回の論争の意義を次の3点にまとめてみよう。

第一に，論点の再検討を促進した点である。たとえば，現行の教育体系は「カイーロフの教育学体系」であるのか，それとも，これはもはや「カビの生えたチーズ」であるのかをめぐって，ソ連の教育や教育学が中国に与えた影響について再び研究されるようになった[28]。王は2008年に「『新カリキュラム理念』『概念の再建運動』とカイーロフ教育学の学び」[29] を発表した。ここで，王はカイーロフ教育学を客観的に分析し，時代に合わないという弱点を指摘したうえで，現行の教育に示唆もあると再評価した。それに対し，鍾は「カイーロフ教育学への批判──並びに『カイーロフ教育学のコンプレックス』を評する」[30] を発表し，1920～1930年代のソ連の教育を研究することで，カイーロフ教育学が特定の時期の政治に迎合した教育学であり，ソ連においても批判されていたことを指摘した。そのため，この理論が現代中国の教育への示唆となると主張するのは歴史の後退であると反論した。

一方,「慎重派」の批判を受け,構成主義,ポストモダン理論の再検討,理論の「発祥地」での実践と評価はどのようなものなのかという点について多くの研究がなされている。また「改革派」の批判を受け,マルクス主義がどのように現在の改革に示唆を与えるのかについても研究されている。
　第二に,論争は中国の改革における理論研究と実践を新たな方向へと導いた。「『カビの生えたチーズ』と『腹いっぱいになれないビタミンC』——応試教育と素質教育の論争について」で李耀宗が主張するように,伝統的な教育の理論を「カビの生えたチーズ」だとしたら,新しいカリキュラム改革の理論はただの「腹いっぱいになれないビタミンC」である[31]。こうした二項対立的な把握は現在の複雑な中国に適応できない。二項対立から抜け出し,新しい理論を作り出すことこそ教育研究者の責任である[32]という動きが出てきたのである。
　第三に,民主的な研究環境を作り出そうとする点である。中国政府が主導的に行う今回の新しいカリキュラム改革は,トップダウン式の改革であり,中央集権的な政治環境で行われてきた。しかしながら今回の論争は,「『民間学術力量』と『政府改革勢力』の論争でもある」[33]と言われている。トップダウンより,ボトムアップの改革は現状を踏まえた改革,現場の教師と児童生徒の実際に根ざした改革となり,社会の理解も得やすい。今後,ボトムアップ改革の重視こそ,改革の方向である[34]と論者たちは主張し,民主的な教育環境,教育研究環境へと努力している。
　以上の論争の意義を踏まえたうえで,学校教育現場における教師の実践に役立つ議論が少ないという課題が残されていると指摘したい。改革の実践者である教師は,教育観,授業観,指導の仕方,教科書の使用などをすべて変えなくてはならず,大きな挑戦をしている。その結果,学校教育現場にさまざまな問題が起こっている。改革をめぐる論争は現場の混乱をさらに起こすおそれもある。「新しいカリキュラムを実施して以来,ずっと困惑している。わたしたち現場の教師にとって,古い『教学大綱』でも,新しい『課程標準』でも区別はほぼないのです。概念の説明や区別についての論争は大学の教授の作業で,大学入学試験の前では,論争なんてすべては無駄です」[35]というある現場教師の言葉からは,無力感を感じる。この論争をいかに学校教育現場にとって活用可能な理論へと展開させられるかは,これからの課題であろう。

第2節　論争から評価改革の再検討

　評価改革は2001年の「基礎教育課程改革綱要（試行）」（「綱要」）によるカリキュラム改革とともに始まり，2002年の「教育部による初等・中等教育評価と試験制度の改革を積極的に推進することに関する通知」（「通知」）によって全面的に展開して以降，約10年を経た。前章で見てきたように，改革の成果を上げた一方，多くの問題も起こっている。これらの問題の起因とその解決方法を明らかにするには，評価改革の背景にある素質教育をめざす教育改革，カリキュラム改革の再検討が重要な観点を示してくれた。したがって，今回のカリキュラム改革をめぐる論争を契機に，その論点から評価改革の問題点を浮き彫りにすることが重要である。そこで，本節はまず論争から評価改革の問題点を再検討する。そのうえで，評価改革の深化する方法をさぐる。

1　評価改革における問題点の再検討

　カリキュラム改革をめぐる論争，とりわけ論争の焦点から，次のような問題意識を持って評価改革を再検討する必要があると考えられる。(1) 評価改革が提唱している教育評価はどのような教育観に基づくものか。(2) 評価改革は知識を軽視したのか。(3) 評価改革の理想と現実はかけ離れているのか。

(1) 教育評価はどのような教育観に基づくものか

　今回の評価改革は素質教育をめざす改革の重要な部分であり，すべての児童生徒の素質，全面的な発達を促進することをめざすものである。したがって，教育評価は平等主義の教育観に基づき，児童生徒の選別や選抜でなく，児童生徒の発達をめざすことがその趣旨である。加えて，マルクス主義の全面発達論[36]に基づいて，教育評価は児童生徒の全面的な発達を促進するものである。このことは「改革派」，「慎重派」の双方が共通理解できると考えられる。
　しかし，素質教育は児童生徒の素質を全面的に発達させると同時に，「児童生徒の主体性を尊重し，各潜在能力の開発を重んじ，個性豊かな健全な人間を育成」することを強調している。そのため，個性を伸ばし，特色のある発達を

促進する多様な評価基準が提唱された。しかし，光明小学校の実践にあるように，多様な評価基準が強調されると，何かができるのであれば「わたしはできる」と児童生徒は自信を持つ反面，できないことを看過してしまい，確かな学力を本当に身につけたのかについては曖昧である。したがって，多様な評価基準を提唱する際に，統一的かつ明確な基本的な到達基準の設定が前提であることを強調したい。実際に，新しい「課程標準」はこのように設定されている。すべての児童生徒が「課程標準」に示された目標に達成するための指導と評価が，まず保障される必要がある。そのうえで，児童生徒の差異に応じて，それぞれの可能性と個性を伸ばすことをめざし，多様な評価基準で評価することが適切だろう。

したがって，素質教育をめざす教育評価はあくまで平等主義の教育観のもとで，すべての児童生徒の全面的で個性のある発達を促進する評価であるべきである。

(2) 評価改革は知識を軽視したのか

この質問に答えるには，前提として知識とは何かを明確にしなければならない。ここで，知識を教科書的な知識，または暗記するための知識のみととらえるのであれば，こうした知識への評価は現代では強調されなくなった。しかし，深い理解に基づく知識，活用できる知識を含んで知識ととらえる場合，こうした知識への評価は強調されるようになった。構成主義の知識観によれば，知識は一種の仮説と解釈であり，教科書にある知識はより正確な仮説であるものの，最終的な答案ではない。そして，構成主義の学習観によれば，児童生徒は知識を受動的に覚える存在ではなく，能動的に働きかけ，その意味を創造し，使いこなす存在である。すなわち，児童生徒は自分の経験を踏まえ，新しい知識を自分なりに理解し，それから新しい理解を構成する。このような知識観と学習観に基づき，文脈や課題，対話，共同協力のなかで教育評価を行うことが強調される。素質教育をめざす教育評価はこのような知識観に基づくものであり，けっして知識を軽視しているとは言えない。むしろ，文脈のなかの知識と知識を習得する過程をも含めて注目し，動的な知識を重視していると言える。

しかし，実践の側面から見ると，確かに知識を軽視する傾向もある。「教学

大綱」が「課程標準」に変わることで、従来の「知識と技能」に加え、「過程と方法」、「感情・態度と価値観」も教育目標として設けられた。そこにおいては、「過程と方法」、「感情・態度と価値観」が「知識と技能」より優先すべきだと思われることが少なくない。カリキュラム改革に関するある調査において、「すぐれた授業とはどのような授業か」という教師に対する質問の調査結果は「1位、児童生徒が感情・態度と価値観において発達した。2位、児童生徒が積極的に授業に参加し、教師と児童生徒は十分に交流ができた。3位、児童生徒が自ら考え、探究学習する」[37]であった。そのなかには、知識と技能の習得に関するものはなかった。「知識と技能」と切り離して「感情・態度と価値観」を強調することは「態度主義」的な傾向に陥っている。このような評価基準だと、知識は軽視される懸念がある。したがって、評価改革において、知識を軽視しない評価を行うには、これら三次元の目標がどのような三重構造であるのかをまず明らかにする必要がある。三次元の目標構造の再検討は教育評価のあり方を明確にするための重要な課題である。

このように、素質教育をめざす教育評価はより動的に知識を把握し、知識を重視する評価である。一方、「知識と技能」、「過程と方法」、「感情・態度と価値観」の目標構造を明確にしないと、態度主義に陥り、評価基準が曖昧になり、その結果、知識が軽視される評価になるおそれがある。

(3) 評価改革の理想と現実はかけ離れているのか

換言すれば、評価改革は中国における教育の現実を十分に踏まえて実施しているのか、という問いである。これも評価改革を再検討するうえで、重要な観点だと考えられる。ここで再びこの10年間の評価改革の実践上の問題点をまとめる。評価改革が抱えている問題を簡潔に整理した周序は、次のように指摘をしている[38]。

- 評価機能は転換されたものの、促進機能は空洞化した。
- 評価指標は多元化されたものの、評価基準は曖昧になった。
- 評価方法は多様化されたものの、評価手段は形式的になった。
- 評価主体は多元化されたものの、評価結果は不明確になった。
- 評価の重点は変化したものの、試験の圧力は前倒しされた。

このような問題は本書の第4章でも見られた。素質教育をめざす評価の特徴および評価改革の内容は，評価機能が従来の選別・選抜から改善，激励，促進へ，評価基準は統一したものから個に応じる多様なものへ，評価方法は単一した筆記試験から多様な評価方法へ，評価の重点は結果から過程へという変化である。しかし，このような方向で改革を行った場合，結果的に周が指摘したような望ましくない実践が現れた。これらの問題に共通する点は，改革が提唱している評価の内実よりも「形式」や「模倣」が先行し，その裏にある評価の趣旨が十分に実現されないということである。たとえば，評価機能の変化について言えば，評価の激励機能が強調されると児童生徒の誤りに対して原因を特定せず，正すための援助を行わないまま，ただ励ますという「激励」する評価が行われているという実態がある。しかし，このようなただ「激励」する評価だけでは，かえって児童生徒の発達を妨害してしまう可能性がある。

　また，評価主体について，多元的な評価主体が強調された結果，児童生徒の自己評価，相互評価と保護者による評価が一般的に行われるようになった。しかし，児童生徒や保護者に対する事前の指導と明確な評価基準がないまま，これを行ってしまうと，評価における信頼性の低下を招いてしまう。その背景には，なぜ評価主体を多元化する必要があるのかについて，十分な理解がなされていないという点が指摘できる。

　では，なぜ形式が先行する実践が現れたのか。その理由は，学校教育現場の実践は，時として改革の理想と矛盾する場合があるからである。すなわち，評価改革の理想としては，入試制度との矛盾の解決が前提であった。しかし，競争が厳しい選抜試験型の入試制度の現実を直視せず，児童生徒の発達のための評価を強調してきた改革は，現実とかけ離れていた[39]。そのため，選抜でなく発達の機能を強調する教育評価，選抜試験にない質的な評価方法の使用，多元的な評価主体による評価においては形式が先行し，教育管理機関が検閲するときだけの見せかけでしかない実践が現れた。

　したがって，先の「わたしたち現場の教師にとって，古い『教学大綱』でも，新しい『課程標準』でも区別はほぼないのです。概念の説明や区別についての論争は大学の教授の作業で，大学入学試験の前では，論争なんてすべては無駄です」という教師の感想が代弁するように，教師の関心は児童生徒の学習成績

をいかに高めるか,である。同様に,新しい評価が従来の評価に比べ,児童生徒の発達,とりわけ学習成績の向上に効果的であるか否かが明確でなければ,教師は積極的に実施しないだろう。

以上,論点から評価改革を再検討することで,評価改革を深化させる方向が明らかとなった。すなわち,素質教育をめざす評価は,児童生徒の全面的な発達を保障したうえで,個性にあった発達を促進する評価であるべきである。そして,知識を軽視する評価にならないように,評価基準を明確にしたうえで,児童生徒の確かな発達を保障する評価であるべきである。さらに,現代中国の教育の現実,とりわけ受験圧力を背負う学校教育現場の実状を十分に踏まえて,教育の質を向上させる評価であるべきである。したがって,教育評価改革によって,児童生徒の確かな発達と教育の質をいかに保障し,向上させられるかが改革を深化させる方向であると指摘できよう。次は,このような方向に向けて,どのような改革が課題かを検討しよう。

2 評価改革の課題——基準に準拠した教育評価へ

児童生徒の確かな発達と教育の質の向上という評価改革の方向性を踏まえ,評価改革が直面している問題の解決に向けて,少なくとも次の三つのレベルからの基準[40]づくりを通して,基準に準拠した評価を行う必要があろう。

(1) 国家のレベル

カリキュラム・スタンダードである「課程標準」を改訂し,明確なパフォーマンス基準(評価基準)を示す必要がある。指導と評価の明確な指針となるカリキュラム・スタンダードは,内容基準とパフォーマンス基準,学習機会基準からなる[41]。内容基準は,児童生徒が何を知るべきか,何ができるべきかを示す。パフォーマンス基準は,児童生徒が内容基準をどの程度習熟したかを規定する。そして,学習機会基準は,内容基準とパフォーマンス基準を児童生徒が達成することを保障する教育活動とカリキュラム・リソースの性格や質に対する規定を意味する。そのため,カリキュラム・スタンダードにおいては,内容基準が基本となる。パフォーマンス基準は内容基準が達成された水準を規定す

ることで，内容基準の実現を保障する。逆に言えば，パフォーマンス基準がなければ，内容基準が教育活動によって確実に実現されたか否かは曖昧になってしまう。評価が難しくなり，身についたかどうかが保障されない。

　繰り返しになるが，2001年以降の新しいカリキュラム改革の展開において，「教学大綱」から「国家課程標準」への転換が重要な役割を果たした。ここで，教育内容，とりわけ知識と技能の規定から，一定期間の学習を通して，児童生徒の学習の様子を叙述するという目標設定がされた。これらの目標はすべての児童生徒が教師の指導と自分の努力を通して到達できる，また到達しなければならない基本的な水準である。このような経緯から，「教学大綱」から学習の到達スタンダードである「課程標準」に名称が変えられた。「課程標準」は教材・授業・評価の拠り所であるため，ここに示された目標に照らして教育と評価を行うことが教育の質を保障する基本となる。

　しかし，第2章で述べたように，「課程標準」は「総体目標」，「学習段階目標」と「内容標準（基準）」から構成されている（図2-2）。ここではパフォーマンス基準が設定されていない。また「課程標準は主に内容基準であり，一部にはパフォーマンス基準が含まれ，また一部では学習機会基準にも言及されている」[42]。つまり，内容基準にパフォーマンス基準と学習機会基準が混在している。そのため，「課程標準」をそのまま教材・授業・評価に適用することは難しい。教科書編集者は「課程標準」に基づき，より詳細な内容基準を作成し，教科書を編集する。そして，教師は「課程標準」ではなく，教科書（教科書とセットになる指導書）に基づき，目標を設定し，授業を行う。加えて，試験はさらに別の基準，または明確な基準がないまま，教師の経験に基づいて問題を出題する。

　このように，「課程標準」が明示されたものの，教材・授業・評価はそれぞれ別の基準で行われている。これらの基準には重複や不一致がある。そのため，「課程標準」に設定された内容が確実に達成されたかどうかを判断できなくなり，教育の質が保障されているか否かが不明確になる点に問題がある。

　教育評価論の立場から，「課程標準」は「教学大綱」より重大な進歩をしたと言える。しかしながら，これに準拠して評価するには，パフォーマンス基準の開発が必要である。現在の内容基準では直接にパフォーマンス基準を代表し

たり，転換したりすることができない。パフォーマンス基準が欠如した「課程標準」は，教育評価の実施に対しては方向や原則しか提供できない。したがって，内容基準に対応しながら，パフォーマンス基準を作成することが肝要である。

このような作業は，アメリカやイギリス，オーストラリアをはじめとする国々の評価基準の作成に学ぶことができる。たとえば，アメリカでは1980年代中期からの「スタンダード運動」において，民間の各教科の研究団体が積極的に内容基準とパフォーマンス基準を開発した。その成果は全米の数学科，科学科，社会科のスタンダードに見ることができる。

社会科のスタンダードに着目すると，これは「文化」，「時間，連続と変化」，「人，地域と環境」，「個人発達と自己認識」，「個人，団体と公共機関」，「権力，権威と管理」，「生産，分配と消費」，「科学，技術と社会」「グローバル関連」，「公民理想と実践」の10領域からなる。そして，低学年と中学年，高学年が学習する内容基準と期待する能力のパフォーマンスから構成される[43]。それぞれの学習段階に基準を活用する例も挙げられている。

また，オーストラリアは1993年に英語，数学，外国語，科学，技術，社会と環境教育，健康と体育および芸術のカリキュラム・スタンダード（Curriculum and Standards Framework）を作成した。そこにはカリキュラムの重点に関する叙述とスタンダードが示されている。スタンダードは「学習結果」，「指標」と「事例」からなる。たとえば，算数は「空間」，「代数」，「測定とデータ」，「推理と策略」の4領域に分けられている[44]。たとえば，「空間」においては，レベル1の「学習結果」は「児童生徒が簡単な図形と物体を知り，名づけることができ，日常的な用語でその形と機能について叙述できる」と規定されている。それと対応する「指標」として，児童生徒がこの学習結果を習得したとき，次の3点のことができると規定されている[45]。①「混雑した図形や物体からその名づけられた図形と物体を選び出すことができる（たとえば，三角形，正方形，長方形，円，立方体，球）」，②「同じ形で大きさの違う同種類の図形を見分けることができる（たとえば，これらはすべて三角形）」，③「同じ種類の図形と物体を説明することができる（たとえば，これらは円形のもので，転がることができる）」。この「指標」は明確なパフォーマンス基準である。

このように，パフォーマンス基準は指導と評価に重大な意義を持っているた

め,「課程標準」には欠かせない。パフォーマンス基準の開発は多大な人的・物的資源が必要であり,長期間にわたって作成と修正を繰り返すことになる。だからこそ,国家レベルで,「課程標準」からさらに内容基準とパフォーマンス基準が明確に示されたカリキュラム・スタンダードへと改善する作業が重要である。このような「課程標準」に準拠してこそ,教科における評価が確実かつ効果的に実施できるだろう。

(2) 地方と学校のレベル

地方や学校のレベルにおいて,「総合的素質評価」の評価基準を共同作業で作成する必要がある。児童生徒の発達目標は教科学習目標と基礎発達目標からなる。教科学習目標は各教科の「課程標準」に示されている目標であるため,パフォーマンス基準の開発によって,児童生徒の教科学習の質がどのようなものかをより的確に判断することが可能となる。同様に,基礎発達目標に準拠した「総合的素質評価」で児童生徒の基礎的な発達がどのようなものかを把握することが重要である。

第4章で「総合的素質評価」の実践を考察したように,各地方は「通知」に示された基礎発達目標となる「道徳品性」,「公民教養」,「学習能力」,「コミュニケーション能力と協力能力」,「運動と健康」,「審美と表現」の六つの目標に基づいて,「総合的素質評価」の評価指標体系を作成した。そして,「総合的素質評価」はこれらの評価指標に照らして,児童生徒の成長記録袋(ポートフォリオ)による評価,観察法,アンケート調査法,実際の生活の場面などを提示して考査する方法など,質的な評価法を多用することを提唱している。

しかし,目標に準拠した評価においては,もし明確な評価基準がなければ,恣意的な主観に基づく評価になりがちである。「総合的素質評価」において,児童生徒の自己評価,相互評価,保護者による評価が一般的に行われている。教師は明確な評価基準がなくても,日常の教育活動から多くの情報を得,経験から自分なりの暗黙の基準を持っているため,大体は客観的な評価ができる。しかし,教師以外の評価主体は評価をする経験が少なく,評価技術を持っていない。そのため,明確な評価基準がなければ,恣意的な評価になり,著しく信頼性の低い評価結果となる可能性が大きい。したがって,「総合的素質評価」

における評価基準の作成が急務である。

　ここで，一つの問題を指摘しておきたい。第3章で検討したように，「総合的素質評価」が立脚している基礎発達目標は，教科学習目標とどのような関係にあるのかについて意見が分かれている。その原因には，基礎発達目標は教科学習を通して獲得できるものなのか，それ以外の活動で獲得できるものなのか，あるいは，両方を通して獲得できるものなのかが明確に規定されていない点が指摘できる。そのため，指導を問わずにただ評価するという「総合的素質評価」に陥る危険もある。教育活動を規定せずに教育評価を行うことは，説明責任を教師から児童生徒に転嫁してしまい，評価によって，教育の改善を促進する機会もなくなってしまう。このような教育と乖離した評価は，児童生徒への単なる恣意的な査定となってしまうだろう。

　以上のことを踏まえて，「総合的素質評価」は地方と学校レベルで，まず基礎発達目標はどのような教育活動を通して達成されるのかを計画し，そのうえで，効果的な評価基準の開発が重要になる。このとき，パフォーマンス課題による評価や，ポートフォリオによる評価がふさわしいと考えられる。なぜなら，基礎発達目標に示された内容は筆記試験によって測定できないものが多いからであり，パフォーマンス課題による評価においては，課題の設定，課題の実行と完成という一連のプロセス自体が教育になるからである。パフォーマンス課題による評価は評価内容を決めたうえで，どのような手段で評価するのか，だれ（児童生徒や保護者，ほかの関係者など）が評価に参加するのか，どのようにすれば評価するための証拠やデータを収集できるのか，だれに，どのように，評価結果をフィードバックするのか，などの点を評価する前に計画しなければならない[46]。

　これらを準備することで，パフォーマンス課題による「総合的素質評価」において評価すべき内容がどのように指導されるのかが明らかになる。パフォーマンス課題では，課題の遂行の成功の度合いを判断するための明確な基準表である，ルーブリックを作ることが非常に重要である。このルーブリックの作成に関しては，児童生徒，さらに保護者の参加が望ましい。このように共同で作成された評価基準は，児童生徒に努力すべき方向を明示するとともに，保護者にも評価の目的や内容を効果的に伝えることができる。これにより，児童生

徒と保護者による評価の信頼性の向上が期待できる。なお，評価基準の信頼性，妥当性と比較可能性を高めるには，多くの学校，教育機関が協力して共同で開発することが効果的である。

しかしながら，「総合的素質評価」が入試制度に導入されると，評価基準が統一されていないという弱点が露呈され，評価が甘い，不合理などと批判されることになる。その結果，「総合的素質評価」の信頼性と比較可能性の向上に注目が集まった。比較可能な評価結果を得るためには，「総合的素質評価」の結果において形式の統一や，異なる評価項目の結果を平均するような方法で一つに統合したりするやり方が一般には見られる。しかし，基礎発達目標に示された児童生徒の諸能力は，こうした数値化に適しているのだろうか。「A，B，C，D」や「優，良，中，差」の一つの記号で児童生徒の総合的素質を表すと，児童生徒の発達を促進する意図とかけ離れてしまい，児童生徒がどう改善すればよいかがわかりにくくなってしまう。

ここで，やはり「総合的素質評価」において，児童生徒の発達機能と証明機能は共存できるのかという課題が再び浮上する。この課題については，「総合的素質評価」における①児童生徒の受験能力だけでなく全面的な発達，②一発勝負の状況からの解放，③上級・下級学校への尊重という使命を踏まえて，入試制度に導入した「総合的素質評価」の結果は「比較可能性」より，「妥当性」を重視すべきであると指摘したい。すなわち，児童生徒の評価結果は，比較しやすい「A，B，C，D」のような結果の表し方より，叙述による評語，その生徒のすぐれた作品，探究学習や研究学習の記録，パフォーマンス課題による作品など，その生徒がほかの人と異なる彼自身の生き生きとした様子を表す資料を提供することによってより効果的となる。このような評価結果において比較は容易ではない。しかし，児童生徒の本当の様子を反映しているため，評価の妥当性は高くなる。このとき，そうした評価情報をもたらした児童生徒の全作品や記録を上級学校に提供することは不可能である。そこで，これらをどのように精選し，どのように自己アピールすればよいのかが問われることになる。学校と教師の工夫により，妥当性と信頼性が高いパフォーマンス課題による評価の実施が重要になってくる。そこからの評価結果を入試制度の参考とするのが適切だろう[47]。

(3) 教師のレベル

　パフォーマンス評価法などの質的な評価方法を採用する際に，その評価基準となるルーブリックの作成が必要となる。パフォーマンス評価法などの質的な評価方法の採用は今回の評価改革において提唱されている。しかし，このような評価は時間と労力がかかりすぎ，多人数学級にふさわしくない，主観的な評価になりがちである，といった批判が寄せられている（表4-1）。裏を返せば，大学入試にはこのような評価が使われておらず，効率的な筆記試験の方が確実だという考えが根強いことを意味する。その原因として2点挙げられる。第一に，パフォーマンス評価法に代表される質的な評価は，テストを代表とする量的な評価との違いを十分に説明できていない。第二に，質的な評価が持つよさを十分に経験できていない。

　従来の筆記試験や客観テストは幅広い知識を暗記・再生できるかどうかを評価することに適している。その反面，知識や技能を活用して思考・判断する力や表現する力の評価には適しておらず，思考力や判断力など高次的な能力を評価するにはパフォーマンス評価法やパフォーマンス課題を用いる必要がある[48]。このような効果を教師に実感させるには，評価基準となるルーブリックの作成が前提となる。

　ルーブリックは成功の度合いを示す数値的な尺度とそれぞれの尺度に見られる認識や行為の特徴を示す記述語からなり，時には具体的なサンプルもつけられる。ルーブリックはまったく新しいものではない。たとえば，オリンピックにおける体操の採点基準，学校におけるスピーチ・コンテストの採点基準，身近な例では作文の採点基準など，さまざまな場面で用いられてきた。以上の場面のように，簡単にはその善し悪しが判断できない場合に，児童生徒の自由かつ多様な表現をより的確に把握するために用いられる評価基準がルーブリックである。しかしながら，教師は作文の採点基準を実際には使っているにもかかわらず，ルーブリックに関する研究や意識的にルーブリックを作成することは少なかった。

　ここで，ルーブリックの作り方を簡単に説明する[49]。ルーブリックの作成は二つの方法がある。一つは教育目標によってパフォーマンス課題をデザインし，

課題における要素と各要素の特徴をまとめ，各要素を代表する尺度を記述する。もう一つは児童生徒の作品を収集して分析を行う方法で，作品の質の違いによって分類する。分類の根拠を明確にすることでルーブリックの作成ができる。前者はカリキュラム・スタンダードにあるパフォーマンス基準から作成すればよいため，作成は比較的容易である。しかし，前述のように「課程標準」にはパフォーマンス基準が明確に示されていないため，現状の中国の学校においては内容基準に基づくルーブリックの作成が必要となる。このルーブリックづくりは，要素の抽出は簡単であるものの，尺度の分け方やサンプルの提示が適切かどうかなどの問題を考えなければならないため，複雑である。

後者に示した作品によるルーブリックの作成はたくさんの作品を収集し，そこから児童生徒の認識や行為の質が，素朴なものからどのようにより洗練されたものへと連続的に深まっていくかを明らかにし，質的な転換点を抽出する必要がある。したがって，この場合，ルーブリックのサンプルを提示する点においては簡単であるものの，ルーブリックの要素や尺度の分け方が適切かどうかを判断する点で複雑である。また，前者と後者の二つの方法を同時に使って，ルーブリックを作成することもできる。

しかしながら，前者，後者，あるいはその組み合わせのいずれにおいても，教師個人に頼る場合は，負担が大きくなってしまう。また，ルーブリックの信頼性や客観性においても限界が生じてくる。そこで，「比較可能性」の視点で提唱されているグループ・モデレーションのやり方を活用することが有効である。すなわち，複数の教師が共同で評価の課題をデザインし，評価基準を作成し，チームで採点することによって，グループ・モデレーションによるルーブリックが作り上げられる[50]。たとえば，次の三つの手順が典型例として考えられる[51]。

①あるパフォーマンスや（広義の）作品をたとえば四つの尺度で採点すると決める。
②一つのパフォーマンスや作品に対して，少なくとも3人以上の教師が採点を行う。
③全員が同じ点数をつけたパフォーマンスや作品に基づいて，指標づくりを行う。

このようなグループ・モデレーションによるルーブリックづくりは教師の負担を減らすとともに，評価の信頼性と比較可能性も高めることを可能とする。このような基準づくりは一見複雑で，時間がかかりそうに見える。しかし，こうして生まれたルーブリックは繰り返して使用することができ，便利な評価ツールとなる。また，モデレーションを通じて教師の教育評価に関する熟練度を向上させるにも効果的である。さらに，単元や教科の枠を超えて，横断的なルーブリック，長期的なルーブリックの作成を試みることで，複数の単元を通じて一貫性を持って継続的に指導し評価することや，教科を超えた能力を育成し，評価することができる。

　以上，パフォーマンス評価法などの新しく提唱されている質的な評価方法の役割には，従来の標準テストと大きな違いがあり，高次の能力の水準を把握するのに有効である。この重要性と利点はルーブリックづくりを通して教師同士で共有できる。とりわけ，教師の共同作業でルーブリックを作成することは教師の負担を減らし，評価の信頼性も高めることができる。このようなルーブリックの共有と蓄積によって質的な評価方法がますます使いやすくなり，教師の評価技術の向上や経験的な評価に関する知見を系統的な評価手法にまとめることができるだろう。

　以上のように，国家レベル，地方と学校レベル，教師レベルで，それぞれが基準づくりを行うことで，基準に準拠した評価が行われる。このような評価活動は教育の質と児童生徒の確かな発達を保障・向上させることに大きな役割を果たすと期待できる。

まとめ

　本章はカリキュラム改革をめぐる論争に着目し，その経緯および論争の根本的な焦点を整理した。そして，そこから評価改革の問題点を再検討し，評価改革の深化する方向を探り，これからの評価改革の課題を明らかにした。

　素質教育をめざす初等・中等教育改革において，カリキュラム編成，カリキュラム・スタンダード，教材，授業，評価などの内容はこれまでにない勢い

で改革された。このようなカリキュラム改革において，あるべき教育観，知識観，教育の発展などについて論争が起こっている。「王・鍾の論争」を考察することで，論争の根本的な焦点はカリキュラムと知識の本質についての知識観とカリキュラム観の違いであることを明らかにした。その後の論争の展開を検討し，「慎重派」と「改革派」陣営の形成プロセスを考察することで，論争が理論上の論争から学校教育現場における実践の問題点を踏まえた論争へと展開しつつあることを指摘した。

　この論争を土台に，評価改革が基づく教育観，知識観，その理想と現実の関係という三つの問題に焦点化して，評価改革の問題点を再検討した。そこで，評価改革によって，児童生徒の確かな発達と教育の質の保障をいかに実現・向上できるかが，改革がめざすべき方向であると指摘した。この方向を踏まえ，評価改革が抱えている問題の解決に向けて，国家，地方と学校，教師という三つのレベルからの基準づくりを通して，基準に準拠した評価を行う必要がある。国家のレベルでは，カリキュラム・スタンダードである「課程標準」を改訂し，明確な評価基準（パフォーマンス基準）を示す必要がある。地方と学校のレベルでは，総合的素質の評価基準を共同作業によって作成する必要がある。教師のレベルでは，パフォーマンス評価法などの質的な評価方法を採用する際に，その評価基準となるルーブリックの作成が必要となる。

　しかしながら，このような基準に準拠した評価を行うには，教科における「知識と技能」，「過程と方法」，「感情・態度と価値観」という三次元の目標の関係性，「総合的素質評価」が基づく基礎発達目標と教科学習目標との関係性という目標構造の明確化が必要となる。

---

1) 王策三，北京師範大学教授。著書は『教学論稿［教学論稿］』，『马克思关于个人全面发展的理論［マルクスの個人の全面発達に関する理論］』，『教学实验論［教学実験論］』，『現代教育論［現代教育論］』など。鍾啓泉，華東師範大学教授。教育部基礎教育カリキュラム改革の専門家グループの会長，『全球教育展望』の編集長など。著書は『現代課程論［現代カリキュラム論］』，『現代教学論発展［現代教学論の発展］』，『現代教育学基礎［現代教育学の基礎］』『教学原理［教学原理］』，『学習的快楽［学習の楽しさ］』など。王をはじめとする論者は「保守派」，または「慎重派」，「伝統派」，鍾をはじめと

する論者は「激進派」，または「改革派」と呼ばれる。本書は「慎重派」と「改革派」を使う。

2) 王策三「认真对待"轻视知识"的教育思潮——再评"应试教育"向素质教育转轨提法的讨论［「知識軽視」の教育思潮に真剣に対応する——「応試教育」から素質教育へ転換する提起の再検討］」『北京大学教育評論』2004年第7期。

3) 王策三「保证基础教育健康发展——关于由"应试教育"向素质教育转轨提法的讨论［基礎教育の健全な発展を保障する——「応試教育」から素質教育への転換という提起に関する検討］」『北京師範大学学報（人文社会科学版）』2001年第5期。

4) 王，前掲論文2，6頁。

5) 当時，王の論文に反論するものとしては，鍾の論文以外に，張正江「素质教育是轻视知识的教育吗？——与王策三先生商榷［素質教育は知識を軽視する教育なのか——王策三氏への意見］」，「教育的本质：传授知识还是培养人——与王策三先生商榷（续）［教育の本質は知識の教授かそれとも人間を育成するか——王策三氏への意見（続）］」（『全球教育展望』2004年第10期と2005年第3期）などが見られる。

6) 鍾啓泉・有宝華「发霉的奶酪——《认真对待'轻视知识'的教育思潮》读后感［カビの生えたチーズ——「『知識軽視』の教育思潮に真剣に対応する」を読んで］」『全球教育展望』2004年第10期。

7) カイーロフ教育学は，マルクス主義とレーニン主義の方法論で人類の教育の本質と機能を分析する教育学理論である。中国に最も影響した著作は，カイーロフ編『教育学』である。そのなかに「教育」，「教学」，「教養」という三つの重要概念が定義されている。教育は「基礎知識，技能，習熟した技巧の習得と知能の全面発達，および観点と信念の育成，科学的世界観と共産主義の道徳精神の育成」と「興味，関心，才能と資質の改善」，「高尚な行為習慣の育成」，「健康かつ壮健な身体への関心」を含める。教養とは知識技能と技巧を習得したうえ，認知能力を発達させ，科学的な価値観を形成させる。教学とは学校で計画的かつ系統的，順序を追って知識を伝達し，活動を行い，共産主義の教養任務と適応する品格を育成する（カイーロフ編，沈頴ほか訳『教育学』上，人民教育出版社，1953年，14-15頁参考）。

8) 鍾啓泉「概念重建与我国课程创新——与《认真对待"轻视知识"的教育思潮作者商榷》［概念の再建とわが国のカリキュラムの創造——「『知識軽視』の教育思潮に真剣に対応する」への意見］」『北京大学教育評論』2005年第1期。

9) 原語は「大衆主義」で，つまり，「英才教育」のように，一部のすぐれた英才の育成が教育の目的であるのと違って，教育がすべての教育対象に対するもので，児童生徒全体の育成を目的とする意味で「大衆主義」と言う。本書はポピュリズムと誤解されないように，以下「平等主義」を使う。

10) 靳玉楽・艾興「新课程改革的理论基础是什么［新しいカリキュラム改革の理論的基盤は何か］」『中国教育報』2005 年 5 月 28 日付。
11) 馬福迎「対《靳文》有些观点不敢苟同［「靳氏の文」に賛成できない］」『中国教育報』2005 年 8 月 13 日付。
12) 高天明「应从哲学层面探讨［哲学レベルで検討すべき］」『中国教育報』2005 年 8 月 13 日付。
13) 羅槐「坚持马克思主义保证课改方向［マルクス主義はカリキュラム改革の方向を保障する］」『中国教育報』2005 年 9 月 17 日付。
14) 王華生「澄清几个概念，才能进行对话［いくつかの概念を明確にしたうえで対話ができる］」『中国教育報』2005 年 9 月 17 日付。
15) 王本陸「当前课程与教学改革理论之争［現代カリキュラムと教学改革の理論論争］」『中国教育報』2006 年 8 月 26 日付。
16) たとえば，梁英豪「梁英豪研究员给查有梁的信［梁英豪研究員の査有梁への手紙］」査有梁『課程改革的辯与立［カリキュラム改革の弁論と論を立てる］』重慶大学出版社，2009 年，205-209 頁。
17) たとえば，朱嬉「课程改革需要"软着陆"吗——兼与查有梁教授商榷［カリキュラム改革は「軟着陸」の必要があるか——査有梁教授と検討する］」『基礎教育』，2008 年第 7 期。そして，馬，前掲論文 11 と郭剛「质疑钟启泉先生《有效教学的最终标准时学生成长》［鍾啓泉氏の「有効な授業の基準は子どもの発達」を疑問視する］」http://epc.swu.edu.cn/article.php?aid=2271&rid=4（2013 年 2 月 25 日確認）など。
18) 趙暁雅「对话钟启泉教授：义无反顾奏响改革进行曲［鍾啓泉と「対話」：後に引けない改革行進曲を演奏する］」『中国教育報』2006 年 12 月 15 日付参考。
19) 査有梁「论新课程改革的"软着陆"［新しいカリキュラム改革の「軟着陸」］」，査，前掲書 16，18-24 頁。
20) 同上書，10-11 頁。
21) 温欣栄・薛国鳳「课程改革背景下基础教育问题的反思［カリキュラム改革を背景とする基礎教育問題の反省］」『課程・教材・教法』2005 年 8 月，11 頁。
22) 同上論文，13 頁。
23) 黄建国「关于课程改革的几点'冷'思考［カリキュラム改革に関する「冷静な」考え］」『課程・教材・教法』2005 年 10 月，9-14 頁。
24) つまり，内容を問わずに多様な授業形式を取り入れるということである。余文森「新课程教育改革的成绩与问题反思［新カリキュラム教学改革の成果と問題点の反省］」『課程・教材・教法』2005 年 5 月，3-9 頁。
25) 厳正林・呉文明「新课程中必须处理好的五对关系［新カリキュラム改革において五つの関係を正しく解決せねばならない］」『課程研究』2005 年第 3 期，26-27 頁。

26) 温・薛，前掲論文，14頁。
27) 鄢向明「课程改革：问题与对策［カリキュラム改革：問題と対策］」『课程・教材・教法』2005年2月，4-7頁。
28) たとえば，顧明遠「论苏联教育理论对中国教育的影响［ソ連教育理論による中国教育への影響を論じる］」『北京師範大学学報（社会科学版）』2004年第1期。そして王艶玲「"目中无人"：凯洛夫《教育学》核心概念批判［「人間を目に入れない」：カイーロフ『教育学』の核概念を批判］」『全球教育展望』2009年第4期など。
29) 王策三「"新课程理念""概念重建运动"与学习凯洛夫教育学［「新カリキュラム理念」「概念の再建運動」とカイーロフ教育学の学び］」『课程・教材・教法』2008年7月。
30) 鍾啓泉「凯洛夫教育学批判——兼评"凯洛夫教育学情结"［カイーロフ教育学への批判——並びに「カイーロフ教育学のコンプレックス」を評する］」『全球教育展望』2009年第1期。
31) 李耀宗「"发霉的奶酪"和"填不饱肚子的维C"——评关于应试教育和素质教育的一场争论［「カビの生えたチーズ」と「腹いっぱいになれないビタミンC」——応試教育と素質教育の論争について］」『教育发展研究』2005年第8期を参考。
32) このような第三の道を模索する研究について，たとえば，呂型偉は「多くの新しい教育思想は教育以外のところから生まれる」と言う。現在，最も深刻な変化は「情報技術」と「脳科学」の発展と「道徳の低下」であり，この三つの変化（挑戦）を契機に新しい教育理論が生まれると主張した（「要学点教育史——关于教育创新的一次谈话［教育史を勉強すべき——教育創造に関する談話］」『课程・教学・教法』2003年第11期，4頁）。または張洪高「教育：理想与现实的钟摆——评"轻视知识"和"发霉的奶酪"［教育：理想と現実の振り子——「知識軽視」と「カビの生えたチーズ」について］」（『教育導刊』2005年第2号），胡銀泉「正视素质教育的现状——也看"发霉的奶酪"［素質教育の現状を直視する——「カビの生えたチーズ」も見る］」（『全球教育展望』2005年第2期），李玉文「课堂教学现代化的困境与出路初探——从王策三先生与钟启泉教授的论争谈起［授業の現代化における困難と対策を探求する——王策三先生と鍾啓泉先生の論争から］」（『教育科学研究』2006年9月）など。
33) 王本陸編『中国教育改革30年 课程与教学卷［中国における教育改革30年 カリキュラムと教学巻］』北京師範大学出版社，2009年，115頁。
34) 査，前掲書16，33頁，63-64頁を参考。
35) 同上書，215-216頁。
36) 知力と体力，自然能力と社会的能力，潜在的能力と顕在的能力などの能力の全面的発達，豊かな社会関係の全面的発達，素質の全面的発達と個性の自由な発達を含む人間性，社会性と個性の調和した発達を指す（呉向東「论马克思的人的全面发展理论［マルク

スの人間全面発達理論を論ずる]」『マルクス主義研究』2005 年第 1 期を参考)。
37) 馬雲鵬・唐麗芳「基礎教育課程改革問巻調査与分析 [基礎教育課程改革アンケート調査と分析]」『光明日報』2003 年 6 月 19 日付。
38) 周序「十年来教学評価改革成績与問題反思 [10 年以来の教学評価改革の成績と問題と反省]」『中国教育学刊』2010 年 10 月, 19-22 頁。
39) 楊啓亮「走出課程改革的両難困境 [カリキュラム改革のどちらも難しい苦境から出て行く]」『教育研究』2005 年第 9 期を参考。
40) 教育評価論の立場で, キジュンを規準 (criterion) と基準 (standard) に意識的に区別することが提唱されている。それは教育目標レベルの規準と目標規準を一層具体的に量的段階的に示す基準である。中国語では両方とも「基準 (標準)」という一つの言葉になっている。たとえば, カリキュラム・スタンダードは「課程標準 (課程標準)」である。また, ルーブリック (rubric) も採点基準 (標準) と呼ばれている (「採点規則」や「評価量規」というものもある)。したがって, 本書はこのような目標規準に準拠した評価, パフォーマンス・スタンダードに準拠した評価とルーブリックをベースにした評価を「基準に準拠した評価」と統一して使う。それはキジュンを意識しながら評価することが重要であると強調したいからである。
41) 汪賢澤「基于課程標準的学業成就評価的比較研究 [課程標準に準拠した学業成績評価の比較研究]」教育科学出版社, 2010 年, 11 頁。
42) 同上書, 13 頁。
43) 全米社会科協議会編, 高峡・楊莉娟・宋時春訳『卓越的期望——美国国家社会可課程標準 [卓越の期待——社会科カリキュラムスタンダード]』教育科学出版社, 2008 年 (National Council for the Social Studies (ed.), *Expectations of Excellence : Curriculum Standards for Social Studies*, National Council for the Social Studies, 1994) を参考。
44) ビクトリア州カリキュラムとアセスメント局編, 丛立新・張燕訳『澳大利亜課程標準 [オーストラリアにおけるカリキュラムと学習基準の枠組み]』人民教育出版社, 2005 年, 74 頁 (Victorian Curriculum and Assessment Authority (ed.), *Curriculum and Standards Framework Ⅱ*, Board of Studies, 2000)。
45) 同上書, 99 頁。
46) 崔允漷・王少非・夏雪梅「基于標準的学生学業成就評価 [基準に準拠した学業成績評価]」華東師範大学出版社, 2008 年, 150 頁を参考。
47) ただ, このとき選抜する側の上級学校の責任者による恣意的な主観的判断にならないように, 一定の判断基準と個人の高い評価技術が要求される。さらに, 必要に応じて, 採用可否の理由を公開する制度が必要となってくる可能性もある。これらの問題は新しい課題となる。

48）田中耕治編『よくわかる教育評価』ミネルヴァ書房，2005年，77頁。
49）崔・王・夏，前掲書，152-158頁を参考。
50）田中，前掲書，72-73頁を参考。
51）田中耕治『教育評価』岩波書店，2008年，143頁を参考。

終章

本研究の課題と日中教育改革への展望

第1節　本研究の成果

　本研究では，中国における教育評価改革を検討し，その動向と課題を明らかにすることを目的とした。具体的には，次の三つの問いを設定した。第一に，なぜ教育評価改革が行われたのか。第二に，素質教育をめざす教育評価改革がどのように行われていたのか。この改革は「政府により，どのように取り組まれてきたか」，そして，「それが教育評価研究にどのように影響したか」，さらに「学校教育現場ではどのように実施されているか」について明らかにする必要がある。第三に，教育評価はどのように深化すればよいのか。素質教育をめざすカリキュラム改革をめぐる論争を踏まえ，教育評価改革を再検討し，その動向と課題を指摘する必要がある。そこで，本章では，第1章から第5章を概観したうえで，本研究で明らかになった点，今後の課題として残された点，および日中の教育改革への示唆を示す。

　第1章では，中国における教育評価改革の背景を考察した。第1節では，評価制度の確立過程および評価制度が抱えていた課題を明らかにした。大学入試が復活した1977年から約20年間で，大学入試においては全国共通試験，高校卒業では合同試験，中等教育と高等教育の接続には選抜試験といった試験制度が急速に確立された。さらに，全国の教育事業の発展状況を監督，評価，指導する教育監督・指導制度が設立され，教育の質をモニタリングする体系が確立された。こうした教育評価に関する制度の設立が進められた一方で，評価の理論研究の成果が十分に反映されていない，教育評価は外的・強制的で，功利主義的・実用主義的・行政管理主義的な傾向を持つといった問題が指摘されていたことを明らかにした。

　第2節では，評価改革の背景にある素質教育をめざす教育改革を検討し，評価改革の外因を明らかにした。素質教育が提唱された経緯と初等・中等教育における新たなカリキュラム改革を検討することで，素質教育の概要と展開を明らかにした。進学率だけを基準に学校と教師を評価し，試験によって児童生徒の選別と選抜を行う状況は，受験に偏重した教育に拍車をかけた。このような教育において，落ちこぼれや試験ができても創造力や思考力の乏しい児童生徒が生み出され，児童生徒の視力・体力の低下などが問題となった。こうした教

育は「応試教育」と名づけられ批判された。

　そこで，1990年代後半，児童生徒の主体性や潜在能力の開発を重んじつつも，徳・知・体の基本的な素質を全面的に発達させる素質教育が提唱されるようになった。素質教育を推進するために，初等・中等教育カリキュラム改革が行われ，カリキュラムの目標，内容，実施および評価などの側面から，大きな変化が起こった。こうして，素質教育は現代の中国の教育が迎えつつある重大な転換であることを明らかにした。素質教育の実施および初等・中等教育カリキュラム改革の展開において，評価の問題，すなわち評価改革の実施が核心として認識され，精力的に展開されていることを述べた。

　第2章では，素質教育をめざす評価改革に関する政策に着目し，素質教育をめざす教育評価のあり方を明らかにした。第1節では，評価改革に関する四つの政策文書に焦点を当てた。1999年，素質教育の全面的な実施を経て，試験制度の改革から評価改革が始まった。これにより，改革の重要性と素質教育に対応する評価改革がめざすべき目標が明確になり，最終的には初等・中等教育における評価の全面的な改革が重要政策として打ち出されるに至った。

　こうした経緯を明らかにした結果，政策文書において「試験優先」，「評価従属」，「試験＝評価」という歪んだ評価観から，発達・発展的な教育評価体系を構築する教育的な評価観へと展開され，教育評価の内容が大きく変わったことがわかった。とりわけ，「教育部による初等・中等教育評価と試験制度の改革を積極的に推進することに関する通知」(「通知」)は初めて専門的に教育評価改革を規定する政策文書となり，評価改革の原則と評価改革の目標，内容，方法を明確に示した。これにより素質教育の評価改革の時代が拓かれた。

　そこで，第2節では，「通知」を具体的に検討し，素質教育における児童生徒の評価体系が「基礎発達目標」に基づく「総合的素質評価」と，教科学習目標に基づく各教科における評価から構成されるという新しい構造が明らかとなった。「総合的素質評価」は評価改革の目玉として新たに登場し，ここでは実践的な能力，創造的な能力，社会への積極的な参加を行う能力，他者とコミュニケーションをとって協力をする能力，自己評価能力など社会で生きていくうえで重要な能力に対する評価が強調された。このように，素質教育における評価は「総合的素質評価」の登場によって，教科を中心とする学業成績だけでは

なく，児童生徒の総合的な発達も求められるようになったことがわかった。

さらに，第3節では「教学大綱」から「国家課程標準」への転換という視点から，教科における評価の変化を考察した。従来の知識と技能を中心とする評価は，「知識と技能」，「過程と方法」，「感情・態度と価値観」という三次元の教科教育目標に準拠することに変わった。そして，第一に，筆記試験のほか，行為の観察，パフォーマンス評価法，ポートフォリオ評価法など評価方法の多様化，第二に，教師のほかに児童生徒，クラスメート，保護者を含む評価主体の多元化という変化が生じた。これにより，全面的かつ客観的に児童生徒を評価することがめざされていることが明らかとなった。

第3章では，教育評価研究者の所論に着目し，教育政策が評価論研究に与えた影響を明らかにした。まず，第1節では，評価改革の展開によって「発達的評価」に関する研究が盛んになったことに注目した。素質教育において評価対象である児童生徒の発達を評価の目的とすることが強調されたため，「発達的評価」は評価改革の代名詞となった。政策文書において正式な規定もなく，統一した定義もない「発達的評価」について，さまざまな解釈が行われた。

本節では，その議論を整理することで，「発達的評価」は児童生徒の全面的な発達を促進することを意図とする評価であり，発達をめざす評価機能，全面的な評価内容，多様な評価方法，多元的な評価主体に特徴がある点では，共通に理解されていることが明らかになった。一方で，「発達的評価」が基づく価値観，評価モデル，「発達的評価」の位置づけなどの問題について意見が分かれていることも明らかとなった。さらに，こうした議論は国際的な評価論研究の動向を踏まえて行われたものであることがわかった。

第2節では，「発達的評価」の展開にあたる二つの評価モデルの提案を検討した。第一に，自己評価を中心に据えながら，ほかの評価と結合して教育評価を行う「自己接受評価」の提案である。それは，児童生徒を評価の主体とし，評価基準の設定への参加を促すだけではなく，児童生徒の自己評価能力の向上によって主体的に学習と評価を行うこと，それにより主体性をはぐくむことをめざした。他者評価の評価基準と評価結果を児童生徒が受け入れることで，評価は児童生徒の内的な学習動機を高める契機となり，次の学習の改善と成長へとつながる。このように，児童生徒による自己評価と他者からの評価結果を受

け入れる評価は「発達的評価」に新しい観点を提供した。

　第二に,「目標を中心とするカリキュラム評価」,「過程を中心とする実施の評価」,「結果を中心とする効果の評価」という三つの独立しながらも緊密に関連し合い,それぞれが螺旋的に上昇する「発達的評価」という評価モデルの提案を検討した。これによって,この三螺旋型評価は目標評価とゴール・フリー評価の二項対立関係を乗り越えること,すなわち,目標を参照しつつも,目標に限定されない活動や学習の成果も評価し,計画性と現実の多様性を折衷した評価になることが明らかとなった。

　他方で,評価改革を学校教育現場でいかに実現したらよいのかという実行性を重視する評価目標と評価方法に関する研究もされている。そこで,第3節では,目標構成をめぐる議論を検討し,発達的評価が基づく基礎発達目標と教科学習目標の関係について意見が分かれていることを明らかにした。基礎発達目標は教科学習目標の基礎的な部分ではなく,教科学習で獲得できない目標を含むものであるという交差型の立場は,基礎発達目標が提起された意味が加味されたモデルであったことが明らかとなった。

　続いて第4節では,新しい評価方法の活用と特色ある評価方法の模索状況を検討した。改革を推進する政策が公布されて以来,多様な評価方法に関する研究が盛んになった。とりわけ,パフォーマンス評価法,ポートフォリオ評価法などは質的な評価として,2002年頃から海外の研究と実践が数多く紹介されてきた。そして,2007年に研究はピークを迎え,これらの質的な評価方法が初等・中等教育におけるさまざまな教科で活用されている状況が明らかとなった。同時に,第一に,形成的評価の機能を軽視し,頻繁にテストを行う傾向の克服をめざす「即時的評価」,第二に,一人ひとりの児童生徒の差異を尊重し,すべての児童生徒の発達を保障する「延ばす評価」といった実践を検討した。このように,評価改革から特色のある評価方法や評価理念が現れていることを明らかにした。

　第4章では,評価改革が学校教育現場でどのように実施されているかを考察し,教育評価の具体像を明らかにした。第1節では,評価改革に関して教育部が行った研究調査をまとめた報告の内容を整理した。その結果,学校における教育評価は評価観,評価機能,評価内容,評価方法,評価主体などの面で大き

く変化していることが明らかとなった。たとえば，評価機能は，従来の児童生徒の選別・選抜から児童生徒の激励，学習と指導の改善に転換しつつある。教師は多様な評価方法で，児童生徒の多方面の能力も含むより全面的な内容を評価している。また，評価主体の変化に関しては，教師による評価に加え，児童生徒による自己評価，相互評価，さらに保護者による評価が行われ，評価主体が多元化していることが明らかになった。

　しかしながら，次の五つの問題，すなわち，①「応試教育」の評価観念がまだ根強く残っている問題，②「感情・態度と価値観」という新設された評価内容をどのように評価すべきなのかという問題，③ポートフォリオ評価法などの新しい評価方法の活用に困難があるなど新しい評価理論がうまく実践できていないといった問題，④多元的な評価が抱える信頼性の問題，⑤激励的な評価の誤用・濫用という問題が同時に起こっていることも明らかとなった。この五つの問題に加えて，質的な評価方法と量的な評価方法との関係，多様な評価基準と基礎的で統一した基準との関係などの課題が残されているため，評価改革が提唱する理念について再検討する必要があることを指摘した。

　第2節では，教育改革の最前線に立っている光明小学校における評価改革実践の具体的な様相を明らかにした。同小学校における評価改革は，評価に伴う暗いイメージを払拭し，児童が受け入れやすい評価方法を用いることで全面的に評価し，学習の改善と能力の発達をめざすものであった。そのために，日常的な評価と期末試験による評価において，さまざまな工夫がなされていた。各学年，各児童の特徴が考慮され，それにふさわしい評価方法が用いられ，各教科の知識と問題解決能力，コミュニケーション能力，協力する能力などの能力の全面的な発達を促す評価が行われていた。しかしながら，第一に，すべての児童が到達すべき目標とその評価基準が不明確であること，第二に，多様な評価基準において児童の学力を保障できているのかということ，第三に，形成的評価だと思われる「項目別考査」の結果を総合評価に入れることが適切なのかということ，第四に，激励や改善のための評価に関してさらなる理解が必要であること，という四つの課題が残されていることも明らかとなった。

　第3節では，今回の評価改革の目玉となる「総合的素質評価」の実践を具体的に考察することで，「総合的素質評価」の実施状況と課題を明らかにした。「総

合的素質評価」は初等・中等教育カリキュラム改革が展開するなかで登場し，入試制度と結合することによって，その位置づけがますます重視されるようになっている。そのなかで，中学校と高校における「総合的素質評価」の実践がより系統的に行われていることが明らかとなった。

そこで，北京市の中学校における「総合的素質評価」の実践を考察した。北京市の中学校では 2006 年から「総合的素質評価」が実施され始め，生徒の発達の記録を中心に，発達と改善のための形成的な「総合的素質評価」，卒業・進学のための認定機能，選抜機能を持つ総括的な「総合的素質評価」という二つの機能のもとで行われていることがわかった。こうした「総合的素質評価」の実施によって，生徒の多方面の素質の発達過程と到達状況の記録が蓄積されていることが明らかとなった。しかし，形成的「総合的素質評価」が総括的評価として利用されている結果，改善機能と選別・選抜機能が混在し，矛盾を招いているという課題が残っていることを指摘した。

このように「総合的素質評価」において研究と実践が成熟していない状態で，これが入試制度に導入されたことで，社会的な議論が巻き起こった。議論の焦点は「総合的素質評価」が大規模でハイ・ステイクスな選抜評価に用いられる際，信頼性，比較可能性，公平性の問題をいかに乗り越えるのかという点であった。「総合的素質評価」を入試制度に導入すべきなのか，その発達・改善機能と証明・選抜機能をいかに統合するのかという点についてさらなる検討が必要であることを指摘した。

第 5 章では，カリキュラム改革をめぐる論争に着目し，評価改革の問題点を再検討した。第 1 節では，カリキュラム改革をめぐる論争の経緯および論争の根本的な焦点を整理した。素質教育をめざす初等・中等教育改革において，カリキュラム編成，カリキュラム・スタンダード，教材，授業，評価などの内容はこれまでにない勢いで改革された。そのなかで，カリキュラムについては，価値観や知識観，基盤理論，歴史の継承と外来理論との関係などについて論争が起こっていた。論争の根本的な焦点はカリキュラムと知識の本質について，すなわち知識観とカリキュラム観の違いであることを明らかにした。その後，論争はさらに展開し，「慎重派」と「改革派」陣営が形成されたプロセスを考察することで，論争が理論上の論争から学校教育現場における実践の問題

点を踏まえた論争へと展開しつつあることを指摘した。

　第2節では，この論争を土台に，評価改革が基づく教育観，知識観，その理想と現実の関係という三つの問題に焦点化して，評価改革の問題点を再検討した。評価改革によって，児童生徒の確かな発達，教育の質の保障をいかに実現・向上できるのかが，改革がめざすべき方向性であると指摘した。そのうえで，評価改革がさらに深化するためには，国家，地方と学校，教師という三つのレベルからの基準づくりを通して基準に準拠した評価を行う必要があるという，改革が深化するうえでの課題を明らかにした。国家レベルでは，カリキュラム・スタンダードである「課程標準」を改訂し，明確な評価基準（パフォーマンス基準）を補足すること，地方と学校のレベルでは，総合的素質の評価基準を共同作業によって作成すること，教師のレベルでは，パフォーマンス評価法などの質的な評価方法を採用する際に，その評価基準となるルーブリックを作成することであると指摘した。しかしながら，このような基準に準拠した評価を行うには，教科における「知識と技能」，「過程と方法」，「感情・態度と価値観」という三次元の目標の関係性，「総合的素質評価」が基づく基礎発達目標と教科学習目標との関係性，という目標構造の明確化が必要であることも明らかにした。

　本研究において以上のことを論じた。この研究の結果，冒頭で述べた第一に，評価改革がなぜ必要であるのか，第二に，どのように行われていたのか，第三に，どのように深化すべきなのかという三つの問いに対する答えが明確になった。

　第一の問いに対しては，教育評価制度の考察と評価改革の背景にある教育改革の検討によって，評価改革の内因と外因を明らかにした。中国において，大学統一試験の設立，廃止，回復というように，教育評価の発展には多くの紆余曲折があった。1980年代に至り，ようやく試験制度が確立され，教育事業の発展状況を監督，評価，指導する教育監督・指導制度が確立され，教育評価に関する制度が形成された。しかし，教育評価は外的，強制的，行政管理主義的な傾向を明らかに持つものであった。試験と評価が同義にとらえられ，試験優先，評価従属という歪んだ評価観が蔓延し，教育活動における結果の検証，教育の改善という教育評価としての本来の積極的な役割は果たされていなかった。こうした試験制度を軸に展開される教育評価の風潮は「応試教育」として批判

された。したがって、「応試教育」の問題点を克服し、素質教育をめざす教育改革を実現するためには、評価改革を核心とすることが必要である。

第二の問いに関しては、教育評価に関する政策において、政策文書である「教育改革の深化と素質教育の全面的推進に関する決定」（「決定」）と「基礎教育課程改革綱要（試行）」（「綱要」）が評価改革の方向と目標を示し、「通知」が評価改革の原則、内容と方法を示したことで、素質教育をめざす教育評価体系の構造が明らかとなったことを指摘した。この体系は、基礎発達目標に基づく「総合的素質評価」と教科学習目標に基づく各教科における評価からなる新しい構造を持つ。また、「教学大綱」から「課程標準」へと転換されることで、教科における評価では「知識と技能」、「過程と方法」、「感情・態度と価値観」という目標に基づいて評価することが求められ、多様な評価方法の採用が提唱された。他方で、「総合的素質評価」は評価改革の目玉として新しく提出され、社会で生きていくために必要な能力を評価することが強調された。このような構造の教育評価体系は従来の試験を中心とする評価から大きく変化し、児童生徒の発達をめざすものであった。

このような政府の取り組みは評価論研究に大きな影響を与えた。「発達的評価」についての議論と解読、異なる評価モデルの提唱、評価目標構造に対する議論、質的な評価方法や特色のある評価方法の提起について多様な研究が展開された。これらの研究は素質教育をめざす教育評価の可能性を広げ、学校における評価実践にも新しい視点を提供した。こうした政府の取り組みと評価論研究の影響を受け、学校における教育評価に大きな変化が起こった。日常的な評価や期末試験など試験による評価の内容、形式が多彩になった。教科における評価と「総合的素質評価」の二つの評価活動の実施によって、児童生徒の教科学習、各種の能力と基礎的な素質に関する全面的な把握が実現できた。

このように教育評価において、選別と選抜から激励と改善へと評価機能が転換された。しかし、状況にかかわらず児童生徒を褒めるという激励的な評価の誤用や濫用が行われている点、評価主体の多元化に伴って評価の信頼性が低下し、評価結果が曖昧になっている点、評価方法は多様化されたものの、質的な評価方法の適用に課題が残っている点などの問題が生じていることを明らかにした。

第三の問いに対しては，以上挙げた問題の解決抜きには，評価改革の深化は実現できないと考える。そこで，カリキュラム改革が引き起こしたさまざまな実践上の問題を踏まえて，カリキュラム改革をめぐる論争を考察することにした。論争の焦点から，評価改革を再検討する視点を，評価改革が基づく教育観，知識観，その理想と現実の関係という三つの問題に絞り，評価改革の問題点を再び洗い出した。この視点から検討することで，評価改革によって，児童生徒の確かな発達と教育の質の保障をいかに実現・向上できるのかが，評価改革を深化させる方向であることが見えてきた。そこで，国家，地方と学校，教師という三つのレベルからの基準づくりを通して，基準に準拠した評価が児童生徒の確かな発達および教育の質の向上に効果的であることを指摘し，評価改革の深化への課題を明らかにした。

第2節　本研究に残された課題

　本研究に残された課題は，下記の3点にまとめられる。
　第一の課題は，教科における「知識と技能」，「過程と方法」，「感情・態度と価値観」という三次元の目標の関係性，「総合的素質評価」が基づく基礎発達目標と教科学習目標との関係性という二つの目標構造を明らかにすることである。本論文の第5章で指摘したように，「知識と技能」，「過程と方法」，「感情・態度と価値観」の目標構造を明確にしないと，態度主義に陥り，評価基準が曖昧になり，その結果，知識を軽視する評価になるおそれがある。加えて，指導を問わずにただ評価するという「総合的素質評価」は避けられなくてはならない。なぜなら，教育活動を規定せずに教育評価を行うことは，説明責任を教師から児童生徒に転嫁することにつながり，評価から教育の改善を促進する機会を奪うことになるからである。その結果，評価が児童生徒への恣意的な査定へと矮小化されてしまう。これを克服するためには，「総合的素質評価」が立脚している基礎発達目標が，教科学習目標とどのような関係にあるのかを明確にする必要がある。第3章では，双方の目標の関係についての異なる意見を取り上げて交差型の関係に立場を置いたが，どの部分が交差しているか，どの部分は教科学習を通して十分に得られないのかといった具体像については検討の余

地がある。したがって，教育評価が児童生徒の確かな発達を促進するためには，それが基づく目標構造をさらに検討することが重要である。

　第二の課題は，評価論の整理である。本論文の第3章において「評価論研究の到達点」を描こうと試みた。その結果，評価改革に関する政府の取り組みが評価論研究に影響を与えたことが明らかになった。加えて，評価論研究において評価モデル，評価目標および評価方法に関して模索されていることが明らかとなった。しかしながら，序章で述べたように，中国において本格的に教育評価が研究され始めたのは1980年代以降のことであり，「後発外啓型」の評価論研究の特徴を表している。すなわち，国内の教育評価に対する研究が十分でないところに，国外の評価論研究の成果を取り入れようとしているため，中国独自の評価論研究としての体系はまだ確立されていない。筆者が素質教育をめざす評価論の研究を十分に体系的に整理しきれていないというのは，そこにも原因があるだろう。今後，評価論研究の進展に注目しつつ，国内の評価改革実践の実際を踏まえた理論研究の成果を検討することで，評価論研究の体系を明らかにすることを課題とする。

　第三の課題は，より多くの学校における実践を考察し，評価改革の課題を見いだすことである。第4章において，評価改革の具体像を明らかにすべく，教育改革の前線に立っている北京市光明小学校の日常的評価と試験による評価の実践や北京市の中学校での「総合的素質評価」の実践を考察した。どちらも評価改革が推進された実践例であり，教育部の調査報告が示した評価改革の実績は確かに見られたものの，問題点については十分に見つけることはできなかった。また，北京市の小・中学校の評価実践にもいくつかの課題が残されていることを指摘したが，それ以上の問題が，ほかの地域の学校で起こっていると想定できる。中国の教育状況は地域間格差が大きいため，包括的に実践を把握するためには，今後は内陸部の学校や農村部の学校の実践に注目する必要がある。これらの学校での教育評価改革の実践状況を検討することで，とりわけ問題点が浮き彫りになってくるだろう。このように，より多くの学校での実践の考察を通して，評価改革をより全面的に把握することができると考える。

第3節　日中における教育改革の比較からの示唆

　最後に，日中における教育改革の比較による示唆をまとめて結びとしたい。本研究は，現代中国の教育評価改革の動向と課題を検討した。日本においても，中国と類似した教育評価論研究の課題を抱えていると実感している。しかし，共通課題において，それぞれのアプローチの方法は必ずしも同じではない。以下，日本と比較しながら中国の教育評価改革の経験と特徴をまとめ，現代中国の教育改革における独自性はどこにあるのかを再認識したい。同時に，これらの経験が日本の評価論研究や評価改革の実践に異なる視点をもたらすことができればと考えている。

　まず特徴的なこととして，発展途上の中国は改革の活力に満ちているということである。中国は改革開放政策（1978年）を実施して以来，経済の急速な発展と総合的な国力の向上など目覚ましい成果を上げた。「改革」は中国が発展していくための絶え間ない動力を提供してきた。経済体制の改革から，政治体制，文化体制，教育体制も当然含む各領域における改革の深化はそれぞれの領域の事業が急速に発展することを促進した。教育の改革は止まることなく進み，とりわけ素質教育をめざす改革および21世紀初頭のカリキュラム改革の実施は，中国の教育評価システムの転換に良好な土台を提供した。

　中国の評価論研究の展開は「後発外啓型」である。このような発展の特徴は教育以外の領域にも見られる。つまり，自らの発展の始まりこそ遅れたものの，外部からの啓発や影響によって，独自の試行錯誤を省略し，その領域自身の発展プロセスを飛び越えて，直接に高レベルの成果に学んで発展することを意味する。評価論研究のスタートが遅れた中国は教育評価改革の必要により，国際的な教育評価論研究の最新動向を導入した。そして，それらの多様な最新の研究成果こそがそれまでの中国の教育評価の問題点を再認識させ，大規模な評価改革を促進した。

　そこで，素質教育をめざす教育評価は，従来の教科学習の評価のうえに「総合的素質評価」を加え，児童生徒の基礎的・横断的な能力と素質の育成ならびにその評価を求めた。そして，教科学習の評価は「知識と技能」のほか，「過程と方法」，「感情・態度と価値観」も評価するように求めた。この新しい評価

システムの構造は教育評価の目的，機能，方法，対象，内容と重点などの各方面に変化を引き起こした。これらの大きな変化は国際的な評価論研究の動向の反映である。同時に，先述したように今回の評価改革は活力に満たされていることも著しい特徴である。

　このような発展途上国である中国の状況と比べて，先進国である日本は教育制度が十分に整備されており，大きな改革の必要性は中国ほど差し迫っていない。それは改革が慎重であるものの，活力を欠いていることにも見られる。よって，先進国ではいかに改革の動力と活力を維持し，教育改革の推進に有利な社会環境を作り出すかが配慮すべき課題である。

　中国の経験から言えば，やはり政府主導の改革が何より重要である。教育評価に関する新しい理念を理論的側面から実践的側面へと移し，評価論研究の最新成果を学校教育現場の実践に応用するには，それと関連する政策の策定が最も有力な保障になるからである。

　日本において指導要録は教育評価制度の代表であり，その改訂は評価改革を導いている。2001年に改訂された指導要録は「目標に準拠した評価」の全面的な採用を決定し，2010年に改訂された指導要録は評価の観点の再規定やポートフォリオ評価法やパフォーマンス評価法など新しい評価方法を提唱している。この2回の改訂の内容は，中国の評価改革を起動した「通知」が示した内容と類似している。しかしながら，2001年の「目標に準拠した評価」の採用に伴い新しい評価方法を同時に提案することは可能であったにもかかわらず，約10年後にそれを示したことは改革を慎重に進める姿勢を示した反面，質的な評価方法をはじめとする新しい評価方法の普及や「目標に準拠した評価」の効果的な実施に最適なタイミングを逸したと言えよう。

　したがって，つねに教育評価に関する国際的な動向を把握し，すぐれた実践と研究成果をタイムリーに政策に反映させることが重要であろう。大胆に突破し，鋭意に革新する精神は活力のある改革に欠かせないものである。

　次に，特色のある概念と理論の創造は，外来の理論と伝統の理論との結合に有効であり，改革の推進に重要な役割を果たすということである。本研究において，「素質教育」と「発達的評価」という二つのキーワードはまさに特色のある概念である。1990年代後期に素質教育の理念が提唱され，素質教育をめ

ざす改革が展開された。これを背景に，評価改革において発達的評価が提唱され，「発達・発展」を主旨とする児童生徒評価，教師評価，学校評価が展開された。本書の第1章，第3章の内容からわかるように，この二つの概念はそれぞれの改革をリードするキーワードであり，改革の目標を明示する新しい構成概念である。そして，それぞれの定義と内実は議論や論争のなかでますます明確になり，研究のなかで徐々に豊富になり，最終的に理論を形成した。発達的評価という概念は，本来「児童生徒を基本的な出発点とし，児童生徒の発達を促進する」という教育改革の基本的な理念から洗練され進化してきた。しかし，評価改革の政策文書が示したその特徴と研究者たちの解説を考察すると，発達的評価は評価によって発達させる機能を強調し，学習過程を重視し，多様な評価方法と多元的な評価主体を提唱している。このような教育評価はまさに評価論の国際的動向と一致していることがわかる。

　したがって，新しい概念の提起と特色ある理論の研究は，国外から導入してきた理論と自国の固有理論との結合に有利な契機を作り出すことができると言えよう。新しい概念は固有概念より，実際のさまざまな問題への応答や新しい経験の総括と洗練において重要な役割を果たしている。

　一方，特色のある概念の提起は，外来の理論を直接に応用することによる理論の単純な移植を避けることもできる。外来の先進的な経験や理論を直接翻訳し，学んで応用することは少なからず中国の実情にはふさわしくない。しかし，中国の実情から提起する新しい概念は包容性と可能性を有していて，有機的に外来理論を選択し，統合することが可能となる。

　日本の教育改革においても，たくさんの特色のある概念が見られる。「学力」「ゆとり教育」「生きる力」などの用語はこのような概念である。その特徴の一つひとつを適切な外国語に訳すことは難しい。それはこれらの用語が日本の実情から生まれ，複雑な背景と豊かな内容を含んでいるからである。そして，これらの概念が代表する理論も日本の実情に基づくオリジナリティーのある理論である。したがって，教育評価領域においてもさらなる探究をし，自らの概念を提起し，固有の理論と海外の理論とを結合することによって新しい理論を形成することは，評価改革の促進に積極的な役割を果たすだろう。

　最後に，教育改革において科学的な政策決定を堅持し，それを合理的に推進

するということである。日中両国はともに中央集権的な教育体制であり，国家政策の科学的な策定や政策実施の合理的な推進はきわめて重要である。しかしながら，両国は国情の差異によって，政策決定と推進においてそれぞれ異なるモデルを生み出している。

　日本は政策決定の科学性，政策調整の一貫性と定期性を重視している。中央教育審議会などの有力な専門家集団による厳密な調査研究や，長期的な論証に基づく政策決定は科学性を保障している。学習指導要領を例にすると，約10年ごとに改訂を行うことは，政策調整のために十分な論証をする期間を与えている。また，政策をある期間において一貫させることができ，計画的に，定期的に調整することもできる。さらに，学習指導要領が3，4年の「移行期間」を経て実施されることは，教科書の改訂や教員研修のために比較的豊かな時間を提供することができる。こうした一連の政策の決定，調整と推進のモデルは非常に系統的に進められている。

　しかしながら，政策決定において，中央教育審議会による議論以外に，民間教育研究団体や学校教育現場など多方面からの研究成果をいかに政策の策定プロセスに取り入れ，政策の科学性を向上させるのかについてはまだ課題が残っている。さらに，科学技術の日進月歩の発展，インターネットによる生活様式の変化，およびグローバル化による各国の発展との連動という現代社会の新しい特徴は日本の教育情勢にも大きく影響しており，政策決定が即時に新しい問題に応答できるシステムの強化や政策の柔軟性を求めているのと同時に，旧来のモデルの変革をも呼びかけている。

　一方，中国は地域間の格差が大きいため，すべての地域の発展需要に応じる適切な政策を策定することは容易ではない。したがって，長期間をかけて整備された政策を策定し推進するより，一定の期間で策定された政策をまず一部の代表的な地域で試行し，改革の効果を追跡し政策調整しながら推進するという改革のモデルが形成されている。本書の冒頭で紹介したように，2001年から始まったカリキュラム改革は準備段階，実験段階と普及段階という3段階で実施されている。同じように，2010年，中国政府は将来の10年にわたる教育改革の計画である「国家中長期教育改革・発展計画要綱（2010～2020年）」を公布し，「統一的な計画，段階的な実施，実験モデルでの先行，即時に調整という原則

に基づき，一部の地域や学校を選んで重要な改革実験モデルを展開する」と明言していることから，今後の教育改革もこのようなモデルを堅持することは明らかである。このような改革推進のモデルは政策決定の周期が短く，改革実験の効果をフィードバックすることによって政策調整を即時かつ柔軟に行うことができる。

　しかしながら，政策決定の周期が短いということは論証する時間が不十分であるというおそれがある。比較的に短い期間での論証と策定による政策の科学性を保障するために，教育部は改革実施状況の追跡調査の強化や政策決定の民主的な参加に工夫をこらしている。たとえば，現在のカリキュラム・スタンダードである「課程標準」は，大学と教育研究機関からの教育学と心理学の専門家および学校教育現場からの校長からなる専門家グループによって作成され，科学者，文学者，歴史学者と特級教師など各領域の専門家による修正意見の募集が行われた。

　それから10年後，「国家中長期教育改革・発展計画綱要（2010～2020年）」の策定は民主的な参与の程度をさらに上げた。この計画綱要の作成のために，大学，科学研究機関，全国人民大会，政治協商委員会，企業などから500人余りの専門家をはじめとする2000人規模の専門家諮問グループが確立された。そして，全国の一般市民に計画要綱に関する意見収集を2回も行い，教育部ホームページなどへの書き込み，電子メールや郵送の方法による提案などで数百万件の意見を収集した[1]。就学前教育の保障，義務教育の均衡的な発展，大学入試改革，高等教育の脱行政化，教育投入の増加，教員団体の設立などさまざまな問題において，現行教育の問題点，解決に向けた提案，教育改革への期待など豊富で多彩な意見と提案が寄せられた。10歳未満の子どもから94歳の老人までの各年齢層，社会各領域からの厖大な人々が国家政策の策定に参与することはこれまでなかった。したがって，今回の計画綱要は十分な調査と民主的な策定プロセスを経てでき上がった政策で，国民の知恵と有力な専門家集団の議論を踏まえた政策であり，その科学性を保障した。計画綱要の策定に至る経験はこれからの教育政策，さらにほかの政策決定にも影響をもたらすと想定できる。

　民主的な参加による政策決定，実験先行による政策の推進，および実験効果

のフィードバックによる政策調整，最後に全面普及という教育改革実施のモデルは徐々に整備されつつある。これは中国の教育改革が成功するための重要な経験となっている。

　以上，中国の教育評価改革や教育改革の経験と特徴をまとめた。日中両国は国の発展段階と教育の発展レベルが違うため，教育改革の姿勢，モデルおよび方法の差異が生み出されている。どちらのアプローチが進んでいてすぐれていると断言することは難しい。重要なのは，自国の実情を踏まえたうえで国際的な視点を堅持し，自国の教育事業に最も適した発展していく道を開拓することである。中国における教育評価改革の動向と課題，経験と特色が日本の関係領域の発展に発信し，さらに少しでも啓示と示唆を与えることができればと期待している。

---

1) 1回目の意見募集は2009年1月7日から2月6日まで36件の関心問題，そして，2月7日から2月末まではさらに20件の重大問題に絞り，意見募集を行った。1万4000通の電子メールと郵便物，210万件のホームページなどへの書き込みによる意見と提案を受け取り，計画綱要の草案の作成に非常に重要な情報を提供した。2回目の意見募集は2010年2月28日から3月28日までの期間において，計画綱要の草案についての意見募集を行った。1万通の電子メールと郵便物，250万件のホームページなどへの書き込みによる意見と提案を受け取り，草案の修正と改善に重大な役割を果たした。教育部「国家中長期教育改革与発展規劃綱要誕生記［国家中長期教育改革・発展計画綱要の誕生記］」2010年8月2日，http://www.edu.cn/zong_he_news_465/20100802/t20100802_502481_1.shtml（2013年2月25日確認）。

参考文献

- 鄔向明「基础教育的基本任务与教育评价改革——现实社会新课程背景下教育评价改革分类的选择［基礎教育の基本的な任務と教育評価改革——現実社会を背景にした新カリキュラムにおける教育評価改革の分類と選択］」『課程・教材・教法』2006 年第 6 期。
- 王景英「当前教育评价中几种关系的理论思考［目下の教育評価におけるいくつかの関係に関する理論的な思考］」『東北師範大学学報（哲学社会科学版）』2003 年第 5 期。
- 王策三「关于课程改革方向的争议［カリキュラム改革の方向をめぐる論争について］」『教育学研究』2006 年第 1 期。
- 王策三「保证基础教育健康发展——关于由"应试教育"向素质教育转轨提法的讨论［基礎教育の健全的な発展の保障——『応試教育』から素質教育へ転換するという表現に関する検討］」『北京師範大学学報（人文社会科学版）』2001 年第 5 期。
- 王策三・孫喜亭・劉碩『基础教育改革论［初等・中等教育改革論］』知識産権出版社，2005 年。
- 王素英「综合素质评价和高考挂钩还有许多需要研究解决的问题［総合的素質評価は大学入試と結合するにはたくさんの課題が残されている］」『基礎教育課程』2006 年 4 月。
- 王華容「知识与能力：孰轻孰重——教育评价中的辩证法［知識と能力：どちらが軽い，どちらが重い——教育評価における弁証法］」『天津市教科学報』2008 年 2 月。
- 王斌華『学生评价：夯实双基与培养能力［学生評価：基礎・基本の徹底と能力の育成］』上海教育出版社，2010 年。
- 王本陸・駱寒波「教学评价：课程与教学改革的促进者［教学評価：課程と教学改革の促進者］」『課程・教材・教法』2006 年第 1 期。
- 王本陸編『中国教育改革 30 年 课程与教学卷［中国における教育改革 30 年 カリキュラムと教学編］』北京師範大学出版社，2009 年。
- 王蕾『教育评价探新［教育評価探究］』西安交通大学出版社，2007 年。
- 課程教材研究所編『20 世紀中国中小学课程标准・教学大纲汇编数学卷［20 世紀における中国の小・中学の課程標準・教学大綱集 数学編］』人民教育出版社，2001 年。
- 葛天民「介紹蘇聯五級分制記分法［ソ連 5 段階評価の紹介］」『人民教育』1950 年第 4 期。
- 郭林「关于实施五级分制的几个问题——北京市六个小学五年一贯制实验班经验介绍［5 段階評価実施に関するいくつかの問題——北京市における六つの小学校五年一貫制実験学級の経験紹介］」『安徽教育』1952 年第 3 期。
- 河南省教育科学研究所教育評価課題グループ編『学校教育评价手册［学校教育評価手帳］』河南大学出版社，1978 年。
- 賈群生『回归生活的中小学教育评价［生活へと回帰する初等・中等教育評価］』浙江大学

出版社，2004年。
- 金一鳴・唐玉光編『中国素質教育政策研究［中国の素質教育政策についての研究］』山東教育出版社，2004年10月。
- 金娣・王鋼編『教育评价与测量［教育評価と測定］』教育科学出版社，2007年。
- 黄元虎「延迟性评价：与精彩有个约会［延ばす評価：素敵なこととの出会い］」『教育科学論壇』2011年第9期。
- 項純「中国における素質教育をめざす基礎教育改革をめぐる論争」『京都大学大学院教育学研究科紀要』第56号，2010年。
- 項純「新课程评价体系构建的政策研究［新カリキュラム評価体系の構築に関する政策研究］」『課程研究』2010年第4期。
- 孔企平・胡松林『课程标准与教学大纲对比研究［課程標準と教学大綱の対比研究］』東北師範大学出版社，2003年。
- 姜鳳華『现代教育评价理论・技术・实践［現代教育評価理論・技術・実践］』広東人民出版社，2003年。
- 龔孝華「我国学校教育评价的困境与出路［わが国における学校教育評価の苦境と出口］」『教育研究与実験』2009年第4期。
- 呉洪成「五十年代我国学習蘇聯教育的歴史反思［五十年代にわが国がソ連教育を学んだ歴史の反省］」『河北大学成人教育学院学報』2004年12月。
- 吴鋼「我国教育评价学研究的回顾与展望［わが国の教育評価論研究の回顧と展望］」『教育測量与評価』2010年3月。
- 胡中鋒「教育评价：矛盾与分析——在基础教育新课程改革的关照下［教育評価：矛盾と分析——初等・中等教育における新カリキュラム改革の背景］」『課程・教材・教法』2005年第8期。
- 胡中鋒編『教育评价学［教育評価学］』中国人民大学出版社，2008年。
- 胡中鋒ほか「論新課程評価中質的評価与量的評価整合［新課程評価における質的評価と量的評価の統合を論ずる］」『課程・教材・教法』2006年第2期。
- 顧明遠『学校教学检查与评估运作全书［学校教学の検査と評価の実践全書］』開明出版社，1995年。
- 蔡敏『当代学生课业评价［当代児童生徒学業評価］』上海教育出版社，2006年。
- 朱賀玲「新课程高考综合素质评价改革刍议［新課程大学入試における総合的素質評価改革を論ずる］」『教育測量与評価』2011年8月。
- 肖鋒「面向素质教育的教育评价［素質教育をめざす教育評価］」『遼寧師範大学学報（社会科学版）』2001年11月。

- 鐘啓泉・有宝華「发霉的奶酪——《认真对待'轻视知识'的教育思潮》读后感［カビの生えたチーズ──「『知識軽視』の教育思潮に真剣に対応する」を読んで］」『全球教育展望』2004 年第 10 期。
- 蔣碧艷・梁紅京編『学习评价研究：基于新课程背景下的实践［学習評価研究：新カリキュラムを背景にした実践に基づいて］』華東師範大学出版社，2006 年。
- 徐芬・趙徳成『成长记录袋的基本原理与应用［ポートフォリオの基本原理と応用］』陝西師範大学出版社，2002 年。
- 徐勇編『新課程的評価改革［新課程の評価改革］』首都師範大学出版社，2001 年。
- 新課程実施過程中研修問題研究グループ編『新課程与評価改革［新しいカリキュラムと評価改革］』教育科学出版社，2001 年。
- 宋伏秋・梅克主編『我国普通教育评价模式研究［わが国の普通教育評価のモデル研究］』中国和平出版社，1995 年。
- 孫振東・陳荟「关于基础教育改革几个观念问题的讨论──'发霉的奶酪'读后感［基礎教育改革に関するいくつかの観念の検討──『カビの生えたチーズ』を読んで］」『教育学報』2005 年第 2 期。
- 孫天華，張済洲「新课程改革是轻视知识吗？──一种代价论视角［新カリキュラム改革は『知識軽視』なのか──代価論の視点から］」『教育科学論壇』2006 年第 2 期。
- 素質教育調査研究グループ編『共同的关注──素质教育系统调研［共同の注目──素質教育に関する系統的な調査研究］』教育科学出版社，2006 年。
- 素質教育調査研究グループ編『共同的关注──素质教育系统调研（续）［共同の注目──素質教育に関する系統的な調査研究（続）］』教育科学出版社，2006 年。
- 田中耕治著，高峡・田輝・項純訳『教育評価［教育評価］』北京師範大学出版社，2011 年。
- 田景峰「学生综合素质评价结果是否该与升学挂钩［児童生徒の総合素質評価結果は進学と結合すべきか］」『基礎教育課程』2005 年 11 月。
- 趙徳成・李霊「学生日常评价改革［児童生徒の日常評価の改革］」『新課程実施中教育評価改革的探索［新課程実施における教育評価改革の探索］』陝西師範大学出版社，2003 年。
- 趙徳成「成长记录袋在实践中的应用［ポートフォリオの実践の応用］」『新課程実施中教育評価改革的探索［新課程実施における教育評価改革の探索］』陝西師範大学出版社，2003 年。
- 趙必華「教育评价范式的变革与启示［教育評価のパラダイムの変革と示唆］」『全球教育展望』2003 年第 11 期。
- 趙必華・査嘯虎編『课程改革与教育评价［カリキュラム改革と教育評価］』安徽教育出版社，2007 年。
- 張玉田ほか編『学校教育評価［学校教育評価］』中央民族学院出版社，1987 年。

- 張向衆「基礎教育改革中的評価改革問題及析因［基礎教育改革における評価改革の問題と原因］」『教育科学研究』2010年5月。
- 張国礼「実施発展性評価容易出現的誤区及困惑［発達的評価の実施に起こりやすい間違いと困惑］」『教育科学研究』2009年2月。
- 張正江「教育的本質：传授知識还是培养人——与王策三先生商榷（续）［教育の本質は知識の伝授か,それとも人間の育成か——王策三氏への意見(続)］」『全球教育展望』2004年第10期。
- 張文「论发展性教育评价的价值取向及其评价观［発達的評価の価値志向と価値観を論ずる］」『当代教育論壇』2006年第12期。
- 陳霞『标准驱动——基于标准的美国基础教育改革［スタンダード駆動——スタンダードに準拠する米国初等・中等教育改革］』安徽教育出版社，2010年。
- 陳玉琨「教育评价理论的突破与创新［教育評価理論の突破と創造］」『学術月刊』2000年第5期。
- 陳玉琨・潘玉順・代蕊華・戚業国『课程改革与课程评价［課程改革と課程評価］』教育科学出版社，2004年。
- 陳玉琨・李如海「我国教育评价发展的世纪回顾与未来展望［わが国の教育評価発展の世紀回顧と展望］」『華東師範大学学報』2000年第1期。
- 陶西平『教育评价学［教育評価学］』北京師範大学出版社，1998年。
- 北京市教育科学研究所普通教育評価課題グループ『中小学教育评价［小・中学の教育評価］』北京師範大学出版社，1988年。
- 本間政雄・高橋誠編『諸外国の教育改革——世界の教育潮流を読む 主要6か国の最新動向』ぎょうせい，2000年。
- 馮永潮「论教育评价的科学性［教育評価の科学性を論ずる］」『教育研究』2002年第1期。
- 游銘鈞「论素质教育与课程改革［素質教育と課程改革を論ずる］」浙江教育出版社,1999年。
- 李雁冰「重塑教育评定［教育評定の再建——アイスナーのカリキュラム評価観の探究］」『外国教育資料』2000年第1期。
- 李雁冰「质性课程评价：从理论到实践（一）［質的カリキュラム評価：理論から実践へ（一）］」『上海教育』2001年11月。
- 李雁冰「质性课程评价：从理论到实践（二）［質的カリキュラム評価：理論から実践へ（二）］」『上海教育』2001年11月。
- 劉志軍「教育评价的反思和构建［教育評価の反省と構築］」『教育研究』2004年第2期。
- 劉尭「关于教育评价学理论体系的思考［教育評価学理論体系の思考——わが国の教育評価学研究から論じる］」『北京理工大学学報（社会科学版）』2000年第3期。
- 劉尭「论教育评价的科学性与科学化问题［教育評価の科学性と科学科問題を論ずる］」『教育研究』2001年第6期。

- 劉尭「中国教育评价发展历史评述［中国における教育評価の発展史の評論］」『北京工業大学学報 （社会科学版）』2003 年 9 月。
- 劉尭「新课程背景下教育评价改革的反思与展望［新課程のもとでの教育評価改革の反省と展望］」『当代教育科学』2005 年 15 期。

索　引

あ行

アイスナー（Eisner, E. W.）73
運動と健康　45, 48
英才教育　23, 138
応試教育　2, 23-26, 44, 136-139

か行

ガードナー（Gardner, H.）143
カイーロフ　138, 144, 146
　——教育学　162
改善　7, 44, 47, 65, 78, 91
概念地図（concept map）評価　87
課業負担　20, 26, 35, 69
科挙制度　2, 24
学習機会基準　152, 153
学習共同体　141
学習能力　45, 48
価値志向　68, 75
過程志向　75
過程と方法　32, 49, 103
カリキュラム・スタンダード　3, 43, 51, 152, 154, 182
観察法　7, 46, 123
鑑識眼　73
感情・態度と価値観　32, 49, 51, 105, 150
間接教育的評価　77
監督・指導制度　19
記述期　72
基準　152
基礎発達目標　45, 48, 82-84, 127, 156, 157

客観性　72, 128, 159
教育測定運動　16, 72
教育的評価　77
教育批評　73
教科学習目標　45, 48, 82, 83
教学大綱　51, 53
教科中心　138, 139
共通試験　16-18, 22
グーバ（Guba, E. G.）69, 73
芸術批評　73
形成的評価　6, 7, 65, 77, 85, 91-93, 117, 123
激励　7, 44, 47, 56, 65, 102, 106, 110, 117
結果的目標　53, 54
構成期　73
構成主義　68, 142-144, 149
口頭試験　115, 116
後発外啓型　8, 177, 178
公平性　127
公民教養　45, 48
ゴール・フリー評価　73, 76, 80
個人内評価　7, 59, 103, 120
国家課程標準（課程標準）　32, 49, 51-59, 152-155
コミュニケーション能力　31, 115
コミュニケーション能力と協力能力　45, 48

さ行

最近接領域　78
三螺旋型「発達的評価」　79
資格試験　7, 23

191

指揮棒　2, 4, 18
自己接受評価　77
自己評価　47, 50, 76, 77-79, 92, 106, 112, 155
実験区　3, 102, 103
実践的な能力　30, 50
質的な評価　7, 86, 106, 123, 158, 160
実用主義　142, 143
児童生徒評価体系　49
社会本位　68
主体志向　75
主体モデル　69
賞罰的評価　65
進学試験　41, 48
進学率　18, 20, 24, 25
診断的評価　6, 7, 91
審美と表現　45, 48
信頼性　128, 155, 157, 159
心理測定　71
数学的思考　53, 56
スクリヴァン（Scriven, M. S.）69, 73
スタンダード（運動）　154
ステイクホルダー　74
ステンハウス（Stenhouse, L.）69
成長記録　46, 103, 104, 118
選抜試験　17, 18, 151
選別　7, 24, 102, 105
全面発達　82, 137
　　——論　142, 148
総括的評価　6, 47, 91, 112, 115
総合実践活動　32, 48
総合的素質評価　4, 49, 50, 118, 119, 120, 121
創造的な能力　30, 50

相対評価　6, 59, 78, 103, 108
即時的評価　91-93
測定期　72
ソクラテス式検討（socratic seminars）評価　87
組織的評価　92-93
素質教育　3, 28, 44
ソ連式５段階目標準拠評価（５段階目標準拠評価）　16, 108

た行

大学入学試験（大学入試）　2, 16, 18, 25, 119, 127
体験の目標　53, 54, 55
大衆主義　139
代替的な評価　91
ダイナミック評価（dynamic assessment）　87
第四世代評価　73, 74
タイラー（Tyler, R. W.）8, 69
　　——原理　71, 72
タキソノミー　71, 72
多重知能理論　143
妥当性　124, 127
知識観　138
知識軽視　69, 136
知識中心　138, 139
知識と技能　49
知識本位　68
直接教育的評価　78
陶行知　143
道徳品性　45, 48

な行

内容基準　152, 153
人間本位　68
延ばす評価　94, 95

は行

ハイ・ステイクス　127, 129
8年研究　71, 72
発達的評価　64, 79
パフォーマンス基準　152, 153
パフォーマンス評価法　7, 47, 87-91, 158
判定期　73
反復練習　23
比較可能性　127, 157, 159
非教育的評価　77
筆記試験　47, 56, 104
一人っ子政策　24
評価機能　7, 102
評価提言　55
評価方法　7, 45, 46, 86, 103
評価モデル　69
評語　7, 48, 58, 103, 109, 157
平等主義　139
フィードバック　8, 77, 92, 93
ブルーム（Bloom, B. S.）　22, 71, 72
ポートフォリオ　46
　──評価法　47, 87, 88, 106
募集制度　17, 107, 119
ポストモダン　142, 143

ま行

マルクス主義　142, 143, 148

目標志向　75
目標準拠評価　7, 59
モデレーション　160
問題解決能力　31, 50, 55, 116

ら行

量的な評価　7
リンカーン（Lincoln, Y. S.）　69, 73
ルーブリック　91, 156, 158-160

著者紹介

項　純　（こうじゅん・Xiang Chun）

1981年中国黒龍江省生まれ。京都大学大学院教育学研究科博士後期課程修了。博士（教育学）。
現在，中国教育科学研究院助理研究員。専攻は教育方法学（教育評価論）。

主な著書・論文

「中国における素質教育をめざす基礎教育改革をめぐる論争」『京都大学大学院教育学研究科紀要』第56号，2010年。

「在探索和反思中推进综合素质评价［模索と反省における総合的素質評価の推進］」『考試研究』第30号，2012年。

『教育評価［教育評価］』（田中耕治著）共訳，北京師範大学出版社，2011年。

『教師专业标准解读 小学教师［教師の専門性におけるスタンダードの解読 小学校教師編］』共編著，天津出版社，2012年。

現代中国における教育評価改革
素質教育への模索と課題

2013年3月30日　第1刷発行

著　者　　項　純
発行者　　山田雅彦
発行所　　株式会社 日本標準
　　　　　〒167-0052 東京都杉並区南荻窪3-31-18
　　　　　TEL：03-3334-2620　FAX：03-3334-2623
　　　　　http://www.nipponhyojun.co.jp/
印刷・製本　株式会社 リーブルテック

＊乱丁・落丁の場合はお取り替えいたします。
＊定価はカバーに表示してあります。

Ⓒ Xiang Chun 2013
ISBN 978-4-8208-0565-6　C3037
Printed in Japan